VITOR RAMIL

a estética DO FRIO

CADERNOS
ULTRAMARES

ORGANIZAÇÃO E PROJETO GRÁFICO

Marcos Lacerda, Ana Paula Simonaci e Sergio Cohn

CONSELHO EDITORIAL

André Botelho

Bernardo Esteves

Boaventura de Souza Santos

Evelyn Goyannes Dill Orrico

Fréderic Vanderberghe

José Luis Garcia

Maria João Cantinho

Renato Rezende

Teresa Arijón

Vagner Amaro

ISBN 9786586962550

azougue press |
coordenação geral Sergio Cohn
coordenação editorial
Sergio Cohn — Darien Lamen — Cristián Jiménez Plaza
Brasil | CNPJ 12.272.339/0001-26
Portugal | Oca Editorial NF 515805394
USA | E. Id. 803650511
Chile | Tucán Ediciones RUT 77.369.106-1

A proposta dos Cadernos Ultramares é transpor fronteiras. Não apenas geográficas, com a edição de um amplo panorama do pensamento brasileiro para o público português, mas também entre as áreas do saber, criando uma coleção transdisciplinar, acessível não apenas para leitores especializado, pesquisadores e acadêmicos, como para interessados em geral.

Para isto, os Cadernos Ultramares privilegiam a leveza do ensaio, a "brigada ligeira", utilizando-se de um gênero marcado pela abertura e experimentação, uma forma privilegiada para a proposição e a apresentação de interpretações da cultura e da sociedade. Nos últimos anos, o gênero ensaio tem sido revalorizado como um importante meio de diálogo entre a pesquisa acadêmica e a sociedade.

O Brasil possui uma produção riquíssima de pensamento em diversas áreas, que vão da física à antropologia, da matemática às artes. Os Cadernos Ultramares, ao trazerem importantes textos de alguns dos nossos mais renomados pensadores, sejam clássicos ou contemporâneos, busca possibilitar ao leitor um olhar amplo e qualificado sobre essa produção.

Interessa-nos a constituição de um diálogo entre áreas, de uma conversa aberta que escape das armadilhas do pensamento especializado e do produtivismo acadêmico. Interessa, antes de tudo, a valorização do encontro do leitor com o sabor do texto, do prazer da leitura e da troca livre de pensamento.

apresentação

POR MARCOS LACERDA

Uma das principais linguagens artísticas do Brasil, a canção popular tem tido um papel crucial também no âmbito do pensamento. Nossos artistas da canção rivalizam com críticos acadêmicos, jornalistas culturais, intelectuais e artistas em geral. Assim, fazer a análise, a explicitação crítica dos artistas da canção no Brasil se compara a fazer a análise e a explicitação crítica das principais movimentações do pensamento brasileiro. Da canção da época de ouro, período que recobre a formação da indústria cultural no país, passando pela Bossa Nova e a MPB moderna, em suas mais variadas expressões, do Clube da Esquina ao tropicalismo; da estilística de Chico Buarque e Edu Lobo à canção de invenção de Raul Seixas, Aldir Blanc, João Bosco, Belchior e Zé Ramalho, se produziu o melhor da criação artística no país e se insinuou, com momentos de alta originalidade, os sentidos da história, da política, da cultura e da sociedade brasileira.

Se a pluralidade formal é uma característica essencial da criação da canção popular brasileira, o mesmo não se pode falar em relação à produção crítica, ainda mais no âmbito internacional. Há um exagero no destaque a determinadas movimentações artísticas e determinados artistas, e a ocultação problemática de outras movimentações artísticas com seus respectivos criadores. É o que se vê, por exemplo, na centralidade ao tropicalismo para se tratar do ambiente da canção brasileira na década de 1960, em tudo infinitamente mais abrangente, rico e interessante. Do mesmo modo, há uma centralidade excessiva a determinadas ambiências geográficas e espaços urbanos, em especial o litoral brasileiro e as cidades do Rio de Janeiro e de Salvador. Embora tanto o tropicalismo quanto as capitais carioca e baiana possam ser consideradas de forma indiscutível como tendo um significado crucial para a constituição da canção de excelência no país, elas estão muito longe de ser consideradas como suficientes para que se possa entender a complexidade da canção, da arte e do pensamento brasileiro em geral.

E é por conta disso que a Coleção Cadernos Ultramares selecionou o importante manifesto da estética do frio de Vitor Ramil, uma das criações mais originais da vida cultural brasileira deste século e que não passa, em nenhum aspecto, nem pelo tropicalismo, nem por Salvador ou Rio de Janeiro, o que o situa ao lado de criação coletivas como o Clube da Esquina de Minas Gerais, o Hip Hop cuja gênese no Brasil é São Paulo e o punk rock brasileiro, para citar apenas alguns exemplos de relevância para a cultura brasileira.

No caso de Vitor Ramil, o que está colocado no centro dos interesses estéticos, culturais e políticos do é o Rio Grande do Sul, ainda assim, o seu extremo, nos pampas, já no encontro com Uruguai e Argentina, no enigma que aproxima a língua portuguesa da língua espanhola. Vitor Ramil é exímio compositor e cantor, um típico cancionista, um cantautor, um trovador muito culto, cuja sensibilidade literária, poética e estética é das mais profundamente relevantes da música popular brasileira.

Na publicação original do manifesto, em 2004, Vitor Ramil escreveu uma nota introdutória: "Apresentei A estética do frio em francês no Théâtre Saint-Gervais em Genebra, Suíça, no dia 19 de junho de 2003, como parte da programação Porto Alegre, un autre Brésil. O texto foi escrito para a ocasião. De lá para cá mudou um pouco. Que futuramente continue nunca sendo o mesmo".

O leitor deste manifesto terá, certamente, curiosidade para ouvir as suas canções. Poderá começar por *Ramilonga* (1997). Nele, perceberá a singularidade da sua poética em canções como a que dá titulo ao disco, no poema de Fernando Pessoa musicado ("Noite de São João"), nos versos de Borges, em pequenas obras-primas como "Deixando o pago", com versos do poeta sulista João da Cunha Vargas. Certamente ficará tomado de curiosidade intelectual para compreender os lemas da estética do frio na canção "Milonga das sete cidades (A estética do frio)": "Rigor, clareza, profundidade, concisão, pureza, leveza e melancolia".

O último álbum, *Campos Neutrais* (2017), reafirma a força da sua poética, a sensibilidade literária, a originalidade da sua canção e a importância da ambiência geográfica e poética do sul do país.

A estética do frio propõe uma visão sobre o Brasil alternativa à versão hegemônica dos trópicos, da faixa litorânea, do sol como definidor da identidade brasileira. Ramil pensa o frio como uma das instâncias definidoras do modo de ser do Brasil e, por conta disso, inverte e desloca os sentidos do "país tropical". O deslocamento de sentidos; a apresentação de uma nova ambiência geográfica, social e poética; a explicitação do frio como definidor de um dos modos de ser do Brasil são perspectivas que causam um curto-circuito potente e apontam caminhos mais inventivos para pensar o país através da canção popular, abrindo verdadeiros clarões e flancos interpretativos, reorganizando a sua própria forma, sempre tensa e cheia de impasses, de inserção no mundo. O sul do país, as áreas temperadas de clima frio não são a margem nem a periferia do Brasil, ou como ele mesmo o diz, com clareza assombrosa: *não estão à margem de um centro, mas no centro de uma outra história.*

a estética
DO FRIO

Sinto-me um pouco discípulo daqueles para quem, na descrição de Paul Valéry, o tempo não conta; aqueles que se dedicam a uma espécie de ética da forma, que leva ao trabalho infinito.

Eu me chamo Vitor Ramil. Sou brasileiro, compositor, cantor e escritor. Venho do estado do Rio Grande do Sul, capital Porto Alegre, extremo sul do Brasil, fronteira com Uruguai e Argentina, região de clima temperado desse imenso país mundialmente conhecido como tropical.

A área territorial do Rio Grande do Sul equivale, aproximadamente, à da Itália. Sua gente, os rio-grandenses, também conhecidos como *gaúchos*, aparentam sentir-se os mais diferentes em um país feito de diferenças. Isso se deve, em grande parte, à sua condição de habitantes de uma importante zona de fronteira, com características únicas, a qual formaram e pela qual foram formados (o estado possui duas fronteiras com países estrangeiros de língua espanhola); à forte presença do imigrante europeu, principalmente italiano e alemão, nesse processo de formação; ao clima de estações bem definidas e ao seu passado de guerras e revoluções, como os embates durante três séculos entre os impérios coloniais de Portugal e Espanha por aquilo que é hoje nosso território e a chamada Revolução Farroupilha (1835-1845), que chegou a separar o estado do resto do Brasil, proclamando a República Rio-Grandense.

Se no passado o estado se antecipou em ser uma república durante a vigência do regime monarquista no país, no cenário político nacional desta virada de século, marcado pela desigualdade social, a capital Porto Alegre se tornou referência internacional como modelo bem-sucedido de política com participação popular.

Vou falar o mais brevemente possível sobre a minha experiência como artista no Rio Grande do Sul e no Brasil. É importante começar dizendo que essa conferência é uma exposição de minhas reflexões acerca de minha própria produção artística e seu contexto cultural e social. Do tema, a estética do frio, não se pretende, em hipótese alguma, uma formulação normativa. As ideias aqui expostas são fruto da minha intuição e do que minha experiência reconhece como senso comum. A extensão do assunto e o pouco tempo para expô-lo não me permitem desenvolver suficientemente alguns pontos. Mas convido a todos para um debate após esta exposição, para que possamos retomar o que for de seu interesse e compartilhar novas reflexões.

Nasci no interior, mais ao sul do que Porto Alegre, na cidade de Pelotas, que em alguns dos meus textos e canções aparece com seu nome em anagrama: *Satolep*. Minha vida profissional começou e se desenvolveu em Porto Alegre. No entanto, gravei quase todos os meus discos no Rio de Janeiro, centro do país e do mercado da música popular brasileira. A exceção é o meu mais recente CD, *Tambong*, gravado em Buenos Aires, Argentina.[1]

Aos 18 anos gravei meu primeiro disco, *Estrela, estrela*; aos 24 troquei Porto Alegre pelo Rio de Janeiro, onde morei por cinco anos. Vivi esse período no bairro de Copacabana, praia símbolo do verão brasileiro, onde, apesar do clima de mudanças discretas entre as estações e do predomínio do calor, mantive sempre alguns hábitos do frio, como o chimarrão, um tradicional chá quente de erva-mate.

[1]Quando da apresentação deste texto, *Tambong* era meu disco mais recente. Depois dele, lancei outros discos. Em outubro de 2004, lancei *Longes*, também gravado em Buenos Aires. Ambos foram produzidos pelo músico e produtor argentino Pedro Aznar.

Em Copacabana, num dia muito quente do mês de junho (justamente quando começa o inverno no Brasil), eu tomava meu chimarrão e assistia, em um jornal na televisão, à transmissão de cenas de um carnaval fora de época, no Nordeste, região em que faz calor o ano inteiro (o carnaval brasileiro é uma festa de rua que acontece em todo o país durante o verão). As imagens mostravam um caminhão de som que reunia à sua volta milhares de pessoas seminuas a dançar, cantar e suar sob sol forte. O âncora do jornal, falando para todo o país de um estúdio localizado ali no Rio de Janeiro, descrevia a cena com um tom de absoluta normalidade, como se fosse natural que aquilo acontecesse em junho, como se o fato fizesse parte do dia-a-dia de todo brasileiro. Embora eu estivesse igualmente seminu e suando por causa do calor, não podia me imaginar atrás daquele caminhão como aquela gente, não me sentia motivado pelo espírito daquela festa.

A seguir, o mesmo telejornal mostrou a chegada do frio no Sul, antecipando um inverno rigoroso. Vi o Rio Grande do Sul: campos cobertos de geada na luz branca da manhã, crianças escrevendo com o dedo no gelo depositado nos vidros dos carros, homens de poncho (um grosso agasalho de lã) andando de bicicleta, águas congeladas, a expectativa de neve na serra, um chimarrão fumegando tal qual o meu.

Seminu e suando, reconheci imediatamente o lugar como meu, e desejei estar não em Copacabana, mas num avião rumo a Porto Alegre. O âncora, por sua vez, adotara um tom de quase incredulidade, descrevendo aquelas imagens do frio como se retratassem outro país (chegou a defini-las como de "clima europeu").

Aquilo tudo causou em mim um forte estranhamento. Eu me senti isolado, distante. Não do Rio Grande do Sul, que estava mesmo muito longe dali, mas distante de Copacabana, do Rio de Janeiro, do centro do país. Pela primeira vez eu me sentia um estranho, um estrangeiro em meu próprio território nacional; diferente, separado do Brasil. Eu era a comprovação de algo do qual não me julgara, até então, um exemplo: o sentimento de não ser ou não querer ser brasileiro tantas vezes manifesto pelos rio-grandenses, seja em situações triviais do cotidiano, seja na organização de movimentos separatistas.

A sério ou de brincadeira, sempre se falou muito no Rio Grande do Sul em sermos um "país à parte" (nossa bandeira atual é a mesma de quando os revolucionários farroupilhas separaram o estado do resto do país. Vale no entanto dizer que, apesar da imagem que ficou para a história, os farroupilhas não eram separatistas no início de seu movimento). Por ter sempre acreditado que entre falar e sentir havia uma distância enorme, a realidade do meu sentimento era agora perturbadora. Significava que eu não precisava sair à rua pregando o separatismo: eu já estava, de fato, separado do Brasil.

Naquela época, passagem dos anos 1980 para os 1990, esse tema do "país à parte" estava mais uma vez em voga, e não se poderia encontrar em outra região do país, como ainda hoje não se pode, um povo mais ocupado em questionar a própria identidade que o rio-grandense. Com isso, o gauchismo e os movimentos separatistas estavam em alta, esses últimos a reboque dos frequentes protestos de políticos contra o governo federal pela precária situação econômica do estado, manifestações que, muitas vezes, traziam à tona a retórica dos revolucionários do século XIX.

Abro parêntese para comentar o que chamei de *gauchismo*.

É difícil que as regiões se conheçam bem em um país tão grande como o Brasil. Acabam sempre lançando mão de estereótipos e fixando uma imagem imprecisa umas das outras. A mídia nacional, situada no centro geográfico, enfrenta a mesma dificuldade e, ao tentar dar conta da diversidade, adota os estereótipos regionais, o que termina por reforçá-los. Neste processo, distorções muitas vezes se estabelecem como definições de cores locais.

A palavra *gaúcho* é, hoje em dia, um gentílico que designa os habitantes do Rio Grande do Sul, e o estereótipo do gaúcho é um dos mais difundidos nacionalmente, se não o mais difundido: misto de homem do campo e herói, que o escritor brasileiro Euclides da Cunha, em seu clássico *Os sertões*, definiu como essa *existência-quase-romanesca*. Popularmente, é visto como valente, machista, bravateiro; um tipo que está sempre vestido a caráter e às voltas com o cavalo, o churrasco e o chimarrão.

Originalmente, *gaúcho* é o rio-grandense do interior, que trabalha a cavalo em fazendas de criação de gado, o mesmo personagem que, no passado, participou das guerras e revoluções em que o estado se envolveu. É um tipo comum aos vizinhos Uruguai e Argentina, com a diferença de que nesses países *gaucho* (gaúcho) é simplesmente o homem do campo, nunca um gentílico que designe os habitantes dos centros urbanos. É significativo que, no variado leque de tipos regionais brasileiros, esse mesmo gaúcho tenha se estabelecido como marca de representação de todos os rio-grandenses, justamente ele, que nos vincula aos países vizinhos, que nos "estrangeiriza".

Já o gauchismo ou tradicionalismo é um amplo movimento organizado que, transitando entre a realidade da vida campeira e seu estereótipo, procura difundir em toda parte o que considera a cultura do gaúcho. O empenho de grupos tradicionalistas em legitimar esse personagem e seu mundo como nossa verdadeira identidade, e a vinculação histórica do gaúcho aos heróis da Guerra dos Farrapos contribuem de forma decisiva para que o estereótipo seja largamente assumido pelos rio-grandenses como imagem de representação. No estado e no país quase já não se fala em *rio-grandense*, mas em *gaucho*.

À parte sua real significação, o gaúcho é um símbolo que, em especial nos momentos em que a autoafirmação se faz necessária, está sempre à mão, assim como o sentimento separatista.

Falando em identidade e separação, fecho parêntese e volto a Copacabana.

Um carnaval acontecer e ser noticiado com tanta naturalidade em pleno junho me levou a pensar nas regiões do "calor" brasileiro, sua gente e seus costumes, e a conectá-las com o cotidiano do Rio de Janeiro. O espírito da festa podia não repercutir em mim, mas certamente repercutia na maior parte da minha vizinhança carioca e Brasil acima. Apesar de toda a diversidade, eu via no Brasil tropical (generalizo assim para me referir ao Brasil excetuando sua porção subtropical, a Região Sul) linguagens, gostos e comportamentos comuns como sua face mais visível. Sua arte, sua expressão popular trazia sempre como pano de fundo o apelo irresistível da rua, onde o múltiplo, o variado, a mistura que a rua evoca ganhavam forma, sendo a música e o ritmo invariavelmente um convite à festa, à dança e à alegria de uma gente expansiva e agregadora. Havia, de fato, uma estética que se adequava perfeitamente ao clichê do Brasil tropical. E, se não se poderia afirmar que ela unificava os brasileiros, uma coisa era certa: nós, do extremo sul, éramos os que menos contribuíam para que ela fosse o que era. O que correspondia tão bem à ideia corrente de brasilidade, falava de nós, mas dizia muito pouco, nunca o fundamental a nosso respeito. Ficava claro porque nos sentíamos os mais diferentes em um país feito de diferenças.

Se minha identidade, de repente, era uma incerteza, por outro lado, ao presenciar as imagens do frio serem transmitidas como algo verdadeiramente estranho àquele contexto tropical (atenção: o telejornal era transmitido para todo o país) uma obviedade se impunha como certeza significativa: o frio é um grande diferencial entre nós e os "brasileiros". E o tamanho da diferença que ele representa vai além do fato de que em nenhum lugar do Brasil sente-se tanto frio como no Sul. Por ser emblema de um clima de estações bem definidas — e de nossas próprias, íntimas estações; por determinar nossa cultura, nossos hábitos, ou movimentar nossa economia; por estar identificado com a nossa paisagem; por ambientar tanto o gaúcho existência-quase-romanesca como também o rio-grandense e tudo o que não lhe é estranho; por isso tudo é que o frio, independentemente de não ser exclusivamente nosso, nos distingue das outras regiões do Brasil. O frio, fenômeno natural sempre presente na pauta da mídia nacional e, ao mesmo tempo, metáfora capaz de falar de nós de forma abrangente e definidora, simboliza o Rio Grande do Sul e é simbolizado por ele.

Precisamos de uma estética do frio, pensei. Havia uma estética que parecia mesmo unificar os brasileiros, uma estética para a qual nós, do extremo sul, contribuíamos minimamente; havia uma ideia corrente de brasilidade que dizia muito pouco, nunca o fundamental de nós. Sentíamo-nos os mais diferentes em um país feito de diferenças. Mas como éramos? De que forma nos expressávamos mais completa e verdadeiramente? O escritor argentino Jorge Luís Borges, que está enterrado aqui em Genebra, escreveu: *a arte deve ser como um espelho que nos revela a nossa própria face*. Apesar de nossas contrapartidas frias, ainda não fôramos capazes de engendrar uma estética do frio que revelasse a nossa própria face.

Em uma entrevista, Borges declarou que não necessitava tentar ser argentino ao escrever, porque já o era; se tentasse, soaria artificial. São inúmeros os exemplos em nossa história oficial e em nossa vida privada em que tentamos ser rio-grandenses, em que tentamos ser gaúchos, em que tentamos ser brasileiros, em que tentamos ser uruguaios ou argentinos, em que tentamos ser europeus, em que tentamos ser as possíveis combinações de uns e outros. Nossas tentativas, muitas vezes antagônicas, sempre sugeriram a indeterminação de nossa própria face. Poder-se-ia argumentar em favor de uma face múltipla, uma vez que nossa sociedade é mesmo heterogênea. Mas então por que seu constante questionamento?

As fronteiras, tão móveis em nossa origem, pareciam ter mesmo grande importância nessa questão. Muitos de nós, rio-grandenses, consideravam-se mais uruguaios que brasileiros; outros tinham em Buenos Aires, Argentina, um referencial de grande polo irradiador de informação e cultura mais presente que São Paulo ou Rio de Janeiro. A produção cultural desses países nos chegava em abundância, o espanhol era quase uma segunda língua. Muitas palavras, assim como muitos costumes, eram iguais. Nossos campos, nossos interiores, que haviam sido um só no passado, continuavam a se encontrar.

As fronteiras estavam estabelecidas também entre os próprios rio-grandenses. Havia fronteiras pacíficas como as culturas italiana e alemã, que se mantinham fortes desde os tempos da imigração, misturando-se mas também sabendo se preservar, ou a cultura negra, que se fazia ouvir cada vez mais em uma região em que era franca minoria; e havia fronteiras não tão pacíficas como a dos rio-grandenses do sul que se consideravam mais gaúchos que os do norte, ou como os embates culturais e ideológicos em várias frentes entre campo e cidade, entre interior e capital.

A figura do gaúcho era razão de muitas dessas fronteiras metafísicas não pacíficas. Para uns era motivo de veneração; para outros, de vergonha. Para muitos, especialmente os jovens, era a encarnação do conservadorismo, do autoritarismo, pois não só sua imagem estava historicamente associada ao nosso passado militarista, como a relação do rio-grandense para com seu imaginário regional era rígida, cercada de regulamento e disciplina, não como um voo natural da imaginação, mas como uma visita a um museu; para muitos outros, porém, o gaúcho idealizado era modelo das nossas melhores qualidades.

No terreno da música popular, como era de se esperar, havia também muitas demarcações. Em Porto Alegre estavam o tradicionalismo e o nativismo ocupando-se com o gaúcho e seu mundo; lá estava o rock em sua diversidade local, de uma vitalidade, guardadas as proporções, semelhante à da cena de Buenos Aires; lá estava a música popular brasileira, incluindo sambistas que ficavam um tanto restritos ao ambiente da boemia, às comunidades populares ou às escolas de samba; lá estavam aqueles que se interessavam e experimentavam um pouco de tudo; e lá estavam algumas outras tendências. Nada, a princípio, muito diferente de outros lugares.

No entanto a única manifestação artística que o resto do país identificava como algo evidentemente nosso era a que girava em torno da figura do gaúcho, quase sempre de seu estereótipo, cuja representatividade era das mais restritivas. Claro, havia artistas regionalistas de qualidade. Mas na maioria dos casos, o problema com este gênero estava naquilo a que me referi há pouco: a relação normatizada, esquemática, ideológica que mantínhamos com o nosso imaginário levava à expressão caricata, à substituição do autor pelo personagem. Enquanto os nordestinos vinham há anos se renovando e renovando a própria música brasileira graças à sua sem-cerimônia para com os próprios mitos, à sua capacidade de manter viva a tradição popular, os rio-grandenses, devido a muito patrulhamento por parte de uma mentalidade protecionista disseminada, em raras oportunidades conseguiam desvincular o regionalismo de seu caráter folclórico, de resgate cultural, de culto. Para um compositor urbano do Nordeste a tarefa de criar e se reconhecer em sua criação apresentava-se fácil, pacífica. Ele demonstrava poder transitar em paz por seu imaginário, sem formalidades. Nada do que encontrava vinha acompanhado de manual de instruções, nada lhe impunha condições, regras de abordagem, nada cobrava reverência como se fosse algo que não lhe pertencesse. O acesso que tinha à tradição regional era livre, espontâneo como o acesso que tinha à modernidade. Já um compositor do Rio Grande do Sul que quisesse expressar sua especificidade regional dentro do contexto nacional partia, consciente ou inconscientemente, para um embate com seu estereótipo, terminando por evitá-lo, criticá-lo ou submeter-se a ele, quase sempre sem alcançar seu objetivo.

Desde que comecei a compor escuto a seguinte questão: por que a música produzida no Rio Grande do Sul chega tão pouco ao resto do Brasil, e quando chega é sempre através de artistas isolados, nunca de um movimento artístico? Já testemunhei diversas teorias locais, muitas feitas a partir de supostas reservas aos gaúchos por parte do resto do país ou maquiavélicas tentativas de dominação da cena cultural nacional por outras regiões. Desde aquele junho em Copacabana, apenas pergunto de volta: de que modo aquele que não sabe exatamente quem é vai convencer os outros a respeito de si mesmo? Atualmente, ainda acrescento: se o problema está no Brasil, por que em Montevidéu e Buenos Aires, tão próximos, as pessoas amam a música brasileira produzida do centro do Brasil para cima e, ao mesmo tempo, desconhecem completamente a música feita no Rio Grande do Sul?

Com isso, a cena musical de Porto Alegre, que poderia pelo menos fazer da pluralidade parte de sua riqueza, era apenas dividida. Roqueiros odiavam nativistas que odiavam roqueiros. As acusações, de lado a lado, podiam ser de que o regionalismo era careta e ultrapassado, ou de que rock destruía as nossas raízes. Quando acontecia algum encontro dessas linguagens, era raro que o resultado não fosse caricato, que não envolvesse a crítica ou o deboche. A convivência não gerava algo novo, apenas alimentava os preconceitos. As primeiras iniciativas espontâneas e promissoras, nos anos 1970, de produzir uma música que falasse de nós sem que estivéssemos tentando aparecer nela, tinham derivado para esse tipo de acirramento de posições, essa polarização hostil, fato, de resto, comum entre nós também na política ou no esporte.

No que me dizia respeito, embora minha trajetória fosse bastante solitária, eu podia me incluir na turma dos que se interessavam e experimentavam um pouco de tudo. Mas também em mim mesmo, embora vivesse longe do estado há bastante tempo, havia fronteiras: as linguagens estavam lado a lado sem se somar, como se não houvesse pontos de contato entre elas. Além disso, em conjunto e individualmente, careciam de rigor formal. Minhas composições e meus discos demonstravam inquietação e variedade de interesses, mas revelavam também minha indefinição e meus preconceitos, que eram muito limitadores.

O que eu queria ao cobrar de mim mesmo uma estética do frio? Acho que, antes de mais nada, queria reagir àquela indefinição, por tudo o que ela representava. Aquele "fazer um pouco de tudo" se acomodava preguiçosamente bem às minhas fronteiras, mas, como bom rio-grandense, eu não me dava por satisfeito. Além do mais, se o ecletismo fizera sentido na música brasileira da minha infância e adolescência nos anos 1970, anos de ditadura militar, como reação natural a um mundo que tendia a se perpetuar em formas estanques, agora, num mundo plural cujas portas estavam todas abertas, fazia menos sentido que uma linguagem capaz de pôr unidade na diversidade.

Unidade. A própria ideia do frio como metáfora amplamente definidora apontava para esse caminho: o frio nos tocava a todos em nossa heterogeneidade. Então me perguntei: como seria uma estética do frio? Por onde começar? E esse foi o início de um processo ainda hoje em andamento. Trata-se, apesar das constantes e inevitáveis generalizações, de uma busca pessoal. Sinto-me um pouco discípulo daqueles para quem, na descrição de Paul Valéry, o tempo não conta; aqueles que se dedicam a uma espécie de ética da forma, que leva ao trabalho infinito. A estética do frio, tendo começado como reação a um estado de coisas em tudo paralisante, com a convicção de que uma concepção artística exige liberdade de movimentos e o oxigênio do correr dos acontecimentos para sobreviver, é uma viagem cujo objetivo é a própria viagem.

Recentemente um amigo me fez conhecer uma frase do escritor cubano Alejo Carpentier perfeitamente adequada às minhas ideias: o frio geometriza as coisas. Anos antes, como se essa frase já fizesse parte do meu repertório, ao me perguntar por onde começar a busca de uma estética do frio, minha imaginação respondeu com uma imagem invernal: o céu claro sobre uma extensa e verde planície sulista, onde um gaúcho solitário, abrigado por um poncho de lã, tomava seu chimarrão, pensativo, os olhos postos no horizonte. Pampa, gaúcho... Que curiosa associação! Eu fora acometido por um surto de estereótipo? Não. Pampa e gaúcho estavam ali porque eu me transportara ao fundo do meu imaginário, lá onde, tanto um como o outro, têm o seu lugar. O pampa pode ocupar uma área pequena do território do Rio Grande do Sul, pode, a rigor, nem existir, mas é um vasto fundo na nossa paisagem interior.

Em seu *Memoria sobre la pampa y los gauchos*, diz o escritor argentino Adolfo Bioy Casares: *A la pampa y a los gauchos, culminantes manifestaciones de lo nuestro, ¿dónde sorprenderlos? En el campo ciertamente no. Allá encontrábamos la llanura, no plana, por lo general, sino ondulada (circunstancia meritoria, pues el denominado campo tendido, según nos explicaron, era de calidad inferior); también encontrábamos paisanos o criollos, gringos y demás extranjeros, puebleros, que menospreciábamos por reputarlos irremediablemente fuera de lugar en el campo — sin pensar que para quienes vivían permanentemente allá, quizá nosotros fueramos puebleros —; pero la pampa, como el agua celeste de los espejismos del camino, siempre nos eludía; tampoco dábamos con un hombre universalmente, y por sí mismo, considerado gaucho.*

As aparições do pampa e do gaúcho para mim, involuntárias, inesperadas, garantiam seu sentido para lá de qualquer reducionismo. Eu não fora remetido à sua significação contaminada, não estava olhando um cartão-postal ou a imagem de um santo. Minha atenção se dirigia à sua atmosfera melancólica e introspectiva e à sua alta definição como imagem — a figura bem delineada do gaúcho, o céu límpido, o campo imenso de um verde regular, a linha reta do horizonte. Essa nítida e expressiva composição de poucos elementos, que o frio fazia abrigarem-se em si mesmos, não desperdiçarem energia e se alimentarem das próprias reservas como ursos a hibernar, sugeria uma natureza resultante de um trabalho ao mesmo tempo casual e criterioso, e denotava rigor, profundidade, concisão, clareza, sutileza, leveza... O escritor italiano Italo Calvino escreveu sobre a ideia de leveza: *cada vez que o reino do humano me parece condenado ao peso, [...] preciso mudar de ponto de observação, preciso considerar o mundo sob uma outra ótica, uma outra lógica.* Essa reflexão de Calvino, assim como a de Alejo Carpentier, me chegou muito depois daquele junho em Copacabana. Mas na ocasião eu já estava seguro de que havia leveza naquela imagem regional porque era com leveza que eu a via. Eu revisitara coisas e ideias e as conectara entre si e a mim mesmo liberto dos ferros do senso comum, atribuindo-lhes valores estéticos a partir de um ponto de vista meu.

A imagem me remetia ao sul extremo, o sul do Sul, lá onde pampa e gaúcho, como mitos ou como realidade, são comuns a Rio Grande do Sul, Uruguai e Argentina. Era, portanto, além de uma reação ao estereótipo e seu peso, a reafirmação do antigo vínculo com os países vizinhos e a definição de um marco-zero simbólico das nossas contrapartidas "frias" às características do que se convencionou chamar de "brasilidade". Minha busca de uma estética do frio, ao manifestar-se através de uma imagem visual, parecia reagir diretamente às imagens do carnaval tropical que eu vira na televisão. Mas que música seria feita da mesma matéria de que era feita aquela imagem?

Entre tudo o que eu experimentara em meu ecletismo musical, um gênero se distinguia: a milonga. A distinção manifestava-se no fato de eu não conseguir vê-la inserida em um repertório eclético. Ela cobrava de mim um tratamento diferenciado. Se com outros gêneros meu impulso era forçar seus limites no sentido de transformá-los, com a milonga o movimento dava-se em sentido inverso, dos limites para o interior. Eu compunha milongas desde os 17 anos, e cada vez mais minha tendência era sutilizar suas características, como se estivesse atrás de uma milonga das milongas, de uma milonga essencial, que seria sua única forma possível. Terminara reunindo-as à parte, como um repertório paralelo.

Assim como o gaúcho e o pampa, a milonga é comum a Rio Grande do Sul, Uruguai e Argentina, inexistindo no resto do Brasil. A discussão em torno de sua origem expressa bastante bem sua relevância no encontro dessas três culturas: há teses para sua origem rio-grandense, sua origem argentina e sua origem uruguaia; sua ascendência ora é portuguesa, ora espanhola, ora latino-americana mesmo, mais especificamente cubana. Para o compositor uruguaio Alfredo Zitarrosa, que chamava a milonga de *blues de Montevideo*, a capacidade de fundir-se a outros gêneros sem dificuldade era uma de suas características; o argentino Atahualpa Yupanqui afirmava que as formas possíveis da milonga seriam tantas quantas fossem as possíveis formas de tocá-la. Do lado de cá das fronteiras, modestamente, eu a associava à imagem altamente definida do gaúcho e do pampa. A milonga me soava uma poderosa sugestão de unidade, a expressão musical e poética do frio por excelência.

A milonga, que estivera sempre no fundo das minhas escolhas como uma voz íntima, à espreita, agora se fazia ouvir mais claramente. Eu a percebia como uma forma musical simples e concisa a serviço do pensamento e das palavras — o vocábulo *milonga* é de origem africana, plural de *mulonga*, que significa "palavra". Existe a milonga para dançar, alegre, em tom maior, apropriada ao som forte do acordeom. Mas eu estava pensando na milonga pampeana ou campeira, ou ainda milonga-canção, como for, quase sempre em tom menor; *simples e monótona*, segundo a definição de um dicionário; lenta, repetitiva, emocional; afeita à melancolia, à densidade, à reflexão; apropriada tanto aos voos épicos como aos líricos, tanto à tensão como à suavidade, e cuja espinha dorsal são o violão e a voz. Uma forma que, quanto mais dela se extraísse, mais expressiva ficaria. Que outra, se não essa, escolheria o gaúcho solitário da minha imagem para se expressar diante daquela fria vastidão de campo e céu? Que outra forma seria tão apropriada à nitidez, aos silêncios, aos vazios? Em sua inteireza e essencialidade, a milonga, assim como a imagem, opunha-se ao excesso, à redundância. Intensas e extensas, ambas tendiam ao monocromatismo, à horizontalidade. O frio lhes correspondia aguçando os sentidos, estimulando a concentração, o recolhimento, o intimismo; definindo-lhes os contornos de maneira a ressaltar suas propriedades: rigor, profundidade, clareza, concisão, pureza, leveza, melancolia.

Isso significava que uma estética do frio resumir-se-ia à forma da milonga? Não. Eu não era o gaúcho

altamente definido da imagem. Significava que, por
sua poderosa sugestão formal, a milonga, na descrição mais generalizante a que se pudesse chegar de
uma estética do frio, não estaria nunca menos que
na subjacência. E não só pela sugestão formal, também por ser um elo entre Rio Grande do Sul, Uruguai e Argentina e por sua popularidade e presença
no imaginário dos rio-grandenses, característica esta
que fazia dela uma justa e comprovada expressão da
nossa sensibilidade, das nossas contrapartidas frias
que, não obstante nos definirem e distinguirem, apareciam sempre aguadas perante o colorido local ar-
tificialmente avivado da nossa caricatura. Em muitas
oportunidades, deparei-me com exemplos claros do
alcance da milonga entre nós: emoção, lágrimas ou
a confissão de um "estranho sentimento de patrio-
tismo" de rio-grandenses criados na capital ou até
mesmo longe do estado, gente sem nenhuma relação
direta com o interior e a cultura campeira. Eu mesmo nasci e me criei no litoral, vivi sempre em grandes cidades. O fato de compor milongas, por si só, já
evidenciaria sua presença em meu imaginário. Mas
não foram poucas as vezes em que, ao compor, me
pus a chorar. É significativo que, em um país em que
as músicas representativas das regiões sejam em sua
maioria um convite à rua, à alegria, à dança, à extro-

versão, a milonga, e seu chamado à interioridade, seja a que fala de nós rio-grandenses com mais proprieda-de. Aqueles roqueiros e nativistas que se odiavam não deixariam de encontrar nela um ponto de contato.

Ao me reconhecer no frio e reconhecê-lo em mim, eu percebera que nos simbolizávamos mutuamente; eu encontrara nele uma sugestão de unidade, dele extraíra valores estéticos. Eu vira uma paisagem fria, concebera uma milonga fria. Se o frio era a minha formação, fria seria a minha leitura do mundo. Eu apreenderia a pluralidade e diversidade desse mundo com a identidade fria do meu olhar. A expressão desse olhar seria uma estética do frio.

Para onde, antes de mais nada, dirigir esse meu olhar frio? Para o Brasil; afinal de contas, a busca de uma estética do frio era uma busca de definição e afir-mação da minha brasilidade, questão original ainda por ser resolvida (eu estava em luta não só contra o clichê de ser gaúcho, mas também contra o clichê de ser brasileiro). Por mais que nossa história e nossa si-tuação geográfica apresentassem contra-argumentos, eu era brasileiro, tinha o gene da brasilidade. Essa afir-mação não é meramente uma frase de efeito. Precisei fazê-la para mim mesmo em determinada situação. Foi quando compus uma canção chamada "Não é céu", que devia muito à tradição do samba e da bossa-

-nova, gêneros reconhecidos como tipicamente brasileiros. Na ocasião, pensei: é uma bela canção, mas, que pena, por ser gaúcho nunca poderei cantá-la. Eu me permitia compor rocks ou baladas, por exemplo, mas compor algo próximo de um samba soava quase como uma traição (outra restrição que eu sempre me impunha era quanto ao uso do tratamento você. Por não usá-lo ao falar, não me permitia usá-lo nas letras que iria cantar. No entanto, evitava igualmente o tu, que usamos no Rio Grande do Sul, este porque me soava formal e antiquado em canções, efeito que eu não me permitia minimizar lançando mão dos "erros" de concordância que usamos na fala cotidiana). A consciência de estar num impasse diante de algo que eu criara com tanta espontaneidade deixou-me numa situação-limite. Mas eu reagi sem demora: a tradição brasileira é minha, é natural que fale através da minha canção! Era o momento de dar adeus àquele sentimento de não ser brasileiro, dar adeus ao Rio Grande do Sul separado (foi o momento também de dar boas-vindas ao você e a todos os "erros", libertando-me assim da prisão dos temas generalizantes e impessoais). Uma estética do frio (a começar pelo emprego da palavra "frio", que se justificava como expressão de uma ideia exatamente por surgir no contexto brasileiro) não podia prescindir da brasilidade.

Logo observei que, se aquela canção tinha um tanto de samba e bossa-nova, tinha um tanto mais de milonga: era longa, lenta, simétrica e melancólica; a harmonia resumia-se a três acordes que se alternavam sutil e ciclicamente, a melodia repetitiva e cheia de silêncios tinha um forte tempero cromático; a letra era extensa, num formato sem repetições. Milonga e bossa me apareciam nela essencialmente misturadas, não meramente lado a lado. Um tanto ensolarada, um tanto introspectiva, "Não é céu" terminou por me levar de volta às milongas que eu preparava desde a adolescência.[2] O resultado desse movimento foi o disco *Ramilonga — a estética do frio*, no qual aparecem pela primeira vez, de maneira objetiva, as ideias que estou expondo aqui.

Não poucas vezes eu ouvira no meio profissional do centro do país conselhos para compor coisas mais alegres, com o argumento invariável de que tristeza não vendia disco. Com *Ramilonga*, eu, que nunca ale-

2 Aos 14 anos compus minha primeira milonga, "Semeadura" (Vitor Ramil-José Fogaça), inspirado na obra da intérprete argentina Mercedes Sosa. Anos depois, a própria Mercedes veio a gravá-la no disco *¿Será posible el Sur?*. Em 1999 Mercedes convidou-me para ir a Buenos Aires trabalhar perto dela numa versão para "Não é céu", que ela queria incluir em seu repertório. Suas escolhas foram para mim um indicativo forte de que a percepção que eu tinha da minha produção era razoável e, por extensão, que as minhas ideias faziam sentido.

gara minha condição de *gaúcho* (uma das hipóteses acerca da controversa etimologia dessa palavra é sua origem indígena na palavra *guahú-che*, cujo significado é "gente que canta triste"), inevitavelmente dei vazão à melancolia ao eleger a milonga como tema. Meus conceitos de alegria e tristeza definitivamente não coincidiam com os de meus "conselheiros". *Ramilonga* aborda a milonga desde muitos pontos de vista (é preciso deixar claro que o fato de pensar sobre minha maneira de criar não significava que eu estivesse estabelecendo regras a serem seguidas na hora de produzir. Ao contrário, eu nunca me sentira tão espontâneo e livre para compor e escrever): as harmonias se abrem como a nossa paisagem, ganham um tanto de bossa-nova, um tanto da canção brasileira, os acordes se repetem e se encadeiam num fluxo contrapontístico, de forma a parecer não ter havido mudança, são arpejados de maneira sequencial, eventualmente construídos sobre afinações preparadas e cordas soltas que lhes dão mais ressonância e continuidade; as melodias se estendem em motivos amplos e circulares, leves e mântricas, como raciocínios minuciosos e claros, mas sempre intuitivas; o ritmo pode filiá-la ao rock, à música indiana, aos acentos afro-brasileiros ou tangueiros (eis a concepção de milonga de Zitarrosa redefinindo minha milonga "essencial", e eis a milonga de Yupanqui, já que a milonga deixa de ser para continuar a ser milonga) mas mantém-se sempre como se fosse o coração do gaúcho naquela imagem altamente definida da minha imaginação — interno, essencial, repetido, sem muitas modulações e nuanças de timbres; as letras conectam a linguagem da cidade e do campo, o coloquial e o poético; nelas, o olhar do poeta campeiro e o meu olhar urbano se confundem, mostram suas afinidades. O canto suave, recorrendo provocativamente às inflexões sutis da bossa-nova, quer trazer à milonga, comumente interpretada com voz empostada e forte, a mesma naturalidade com que se canta qualquer canção, como a querer dizer que não se trata de objeto de culto, e que assumir um personagem para afirmar a própria identidade é, na verdade, fragilizá-la. Respeitando o conceito geral do disco, os arranjos foram concebidos seguindo a sugestão formal da milonga de buscar uma alta definição (desde então, sempre "visualizo" os arranjos: uma extensa planície onde densidade e espaços vazios vão sendo combinados): a expressividade existe no todo porque está em seus detalhes, ou seja, se todos os elementos de uma música têm o poder de significar, é preciso que o olhar frio se ocupe de cada um deles. O resultado é um exercício em busca de unidade e clareza.

Transpor essa experiência para o universo da canção, mantendo a milonga estritamente na subjacência, será parte do desafio formal de meu próximo disco (a unidade, anteriormente exercitada em torno de um tema, tratará agora de dar conta da diversidade dos meus interesses musicais e poéticos).[3] O objetivo desta viagem segue sendo a própria viagem.

O início da minha atividade de escritor coincide com os primeiros passos da estética do frio. Minha primeira novela chama-se *Pequod*, e seus cenários são Satolep, uma idealização da minha cidade, e Montevidéu, capital do Uruguai, cidade bastante próxima e ainda mais ao sul da América, onde meu pai nasceu. Trata-se de uma narrativa longa feita de pequenas narrativas articuladas sob uma suposta forma da memória. Transitando entre a precisão e a vaguidade, sua elaboração deve muito a esse conjunto de ideias. Meu próximo livro de ficção, já em processo de escritura, é um aprofundamento de *Pequod*, e tematiza a própria estética do frio.[4]

---

3 Refiro-me ao disco *Longes*. Neste trabalho a intenção de deixar a milonga "estritamente" na subjacência deu lugar à decisão de enfrentar minha resistência a misturar milongas "explícitas" e canções. Pareceu-me, a certa altura, que não seria necessário partir para uma experiência conceitual daquele tipo: milongas e canções já me soavam uma mesma coisa.

4 Refiro-me ao romance *Satolep*, publicado em 2008.

Depois da novela *Pequod* e de *Ramilonga*, realizei um disco chamado *Tambong*. Gravado em Buenos Aires, Argentina, este trabalho promoveu um encontro de músicos platinos e brasileiros, do Sul, Centro e Nordeste do Brasil. Sua motivação estava na determinação de subverter um estado de coisas no Brasil, que faz com que suas regiões se sintam marginalizadas em face da hegemonia do centro do país em muitos aspectos da vida nacional, entre eles, a produção cultural. Vejo Porto Alegre e Rio Grande do Sul como um lugar privilegiado por sua história social e política e sua situação geográfica únicas. Somos a confluência de três culturas, encontro de frialdade e tropicalidade. Qual é a base da nossa criação e da nossa identidade se não essa? Não estamos à margem de um centro, mas no centro de uma outra história.

Vitor Ramil
Satolep, maio de 2003.

SOBRe a estética DO FRiO

O que é a Estética do Frio? O que a motivou, como foi concebida e qual a sua configuração atual?

A Estética do Frio é uma ideia em processo, é antes a "busca" de uma estética do frio. Começou quando eu vivia no Rio, no fim dos anos 1980. Na ocasião, eu tinha que lidar com um sentimento permanente de inadequação ao lugar que eu escolhera para morar. Isso me levou a refletir sobre a repercussão em mim, e em minha produção artística, do conflito de identidade ser-ou-não-ser-brasileiro, conflito que talvez exista desde sempre no Rio Grande do Sul. Essa reflexão evoluiu para uma análise crítica do que eu vinha fazendo e tentando fazer em música, para uma detecção das principais limitações que eu me auto-impunha, e que tinham a ver justamente com este ser-ou-não-ser original.

Com o tempo estabeleci outros parâmetros artísticos, elegi novas prioridades e comecei a me encaminhar na direção do que crio hoje (que é o mesmo que dizer: na direção do que imagino que eu ainda vou criar). Com essa busca de uma estética do frio, até o momento, acho que defini mais claramente os contornos da minha brasilidade sulista, passei a manejar com mais desenvoltura os elementos da minha formação cultural peculiar dentro do contexto brasileiro. Voltei para o Sul. Aqui me senti não mais à margem de um centro, mas no centro de uma outra história. Vivo hoje a duas horas de carro do Uruguai. Sinto-me mais próximo não só dos países do Prata, mas também do próprio Brasil. Impus-me como desafio mixar em meu trabalho as culturas desses lugares (por reconhecê-las em mim). Não falo em folclore, embora não o exclua, mas da cultura do mundo todo que está viva e se transformando em cada um desses países.

Também não me refiro a promover uma mistura meramente de superfície, a criar um terceiro estereótipo (para o que juntar um berimbau a um bandoneón e a um tambor-piano do candombe talvez bastasse), mas a fundir naturalmente as informações desses lugares, combinar suas essências (evidentemente, o que eu considero como tal) na essência de uma forma de composição, no tema e na forma de uma letra, na concepção de um arranjo, numa maneira de cantar e tocar o instrumento (para isso é preciso antes não "tentar" ser alguém pronto para fazê-lo, mas simplesmente sê-lo. Como disse Borges, ele não "tentava" ser argentino ao escrever, pois já o era. Se "tentasse", soaria artificial. Estou falando, portanto, de conquistar uma identidade e de criar a partir dela). Ao falar em "Estética do Frio", sempre tive o cuidado de afirmar tratar-se de uma reflexão pessoal. Mas a verdade é que a expressão ganhou a rua rapidamente, ainda que eu não tenha me mobilizado politicamente por ela. Além disso, meus sentimentos e minhas ideias encontraram eco no universo de outros compositores ou até mesmo de gente de outras áreas. Hoje ela já não se restringe ao meu trabalho, e a diluição que há nisso lhe é benéfica, cria um entorno que dá ainda mais substância ao seu desenvolvimento.

Há uns meses atrás eu te diria logo que a Estética do Frio não é um movimento, mas atualmente, em função de seus desdobramentos no Uruguai (onde, a partir dela, os irmãos Jorge e Daniel Drexler formularam o "Templadismo") e na Argentina, já não posso dizer o mesmo. Nesses países vizinhos ela vem sendo vista como um movimento por gente de imprensa e rádio, do meio artístico e pelo público em geral. Não que agora a Estética do Frio seja de fato um movimento (faço questão de considerá-la uma ideia em processo exatamente para mantê-la em desenvolvimento. Engessá-la com um programa estético rígido seria destiná-la a morrer na praia). Mas a verdade é que ela transcendeu a minha individualidade e já pode ser vista no fundo de uma movimentação espontânea de gente que, guardadas as diferenças entre suas produções artísticas ou seu pensamento, se reconhece como sendo da mesma "família".

O interessante para mim é descobrir que essa gente redesenha o mapa geográfico sob uma óptica artística e cultural, criando uma zona em que velhas fronteiras estão se dissipando. Isso é possível porque o sentimento de alguém do Rio Grande do Sul (que muito já se sentiu um país à parte) em relação ao Brasil, à poderosa presença da cultura popular brasileira, pode ser quase o mesmo de alguém do Uruguai ou da Argentina. No caso específico das afinidades entre Uruguai e Rio Grande do Sul, ambos se sentem uma transição entre a cultura do Prata (para o Uruguai, a Argentina é, particularmente, um grande referencial) e a cultura do Brasil "tropical".

Rigor, profundidade, clareza, concisão, pureza, leveza e melancolia. Estes valores, colocados em uma canção-manifesto sua como centrais da Estética do Frio, certamente são opostos ao transbordamento tropicalista. Você vê possibilidades ou interesse em conciliá-los?

Quando me veio a expressão "estética do frio", eu acabara de ver na TV as cenas de um Carnaval fora de época no Nordeste. Era junho, começo do inverno, e estavam todos seminus, pulando sob o sol. Era uma confusão típica de carnaval, muita informação visual, variedade, agitação. Aquilo me pareceu ser o "Brasil" cujo espírito eu não compartilhava completamente. A seguir eu vi a chegada do frio no Sul, e a paisagem era radicalmente outra, campos lisos e brancos de geada, esquinas quase vazias açoitadas pelo vento. Foi quando pensei que aquele convite à rua e à festa poderia descrever quase todo o país, exceto seu extremo sul (evidentemente estou relatando aqui de uma maneira bem resumida), e me perguntei porque, não fazendo parte daquela estética do calor, nós não tínhamos uma "estética do frio" que falasse de nós com mais propriedade (a expressão "frio" me veio primeiro como símbolo e só depois como valor estético).

Essa breve descrição já deve servir para te mostrar como "transbordamento" em oposição a concisão, rigor ou melancolia estava no começo da minha reflexão. Mas quando elegi esses valores estéticos para me servirem de parâmetros, fui além dessa mera visualidade. Eu precisava me impor algumas restrições que me levassem a encontrar novas saídas, a lidar mais naturalmente com o peso daquela tradição de "brasilidade" (eu não me permitia compor coisas muito "brasileiras", como se eu não fosse natural do Brasil). O transbordamento tropicalista, apesar da faxina artística e mercadológica feita pelo rock dos 1980, ainda permanecia sob a forma do ecletismo no começo dos anos 1990. E o que me incomodava em meu trabalho era exatamente a mistura das coisas na superfície, minha incapacidade de encontrar uma unidade para a diversidade dos meus interesses.

Por outro lado, fui criança e adolescente nos anos 1970. Vi de perto, portanto, a força do legado tropicalista à nossa cultura. Sua contribuição, que vai muito além do "transbordamento", é parte importante da minha formação. Acho que o "transbordamento" e tudo o mais do tropicalismo foi fundamental num período de ditadura, em que o mundo tendia a se estabelecer em formas estanques. Hoje, num mundo transbordante, sinto necessidade do inverso. No entanto, eu nunca cheguei a cumprir de forma fanática os valores expostos no que chamaste de "canção-manifesto" (tampouco foi essa a minha intenção ao compô-la). Cada disco meu a partir de *Ramilonga – A estética do frio*, onde eu elegi a milonga como um dos meus principais parâmetros, foi um tipo de experiência. Nunca quis ser muito "rigoroso", para não me apegar a um programa estético, para não me impedir de experienciar e descobrir coisas.

Como através da Estética do Frio eu busco fundamentalmente reconhecer a minha brasilidade, a volta ao "transbordamento" é inevitável. Acho até que já estou nele, como vais poder constatar em breve no disco que estou fazendo em duo com o percussionista carioca Marcos Suzano. Ao mesmo tempo, eu talvez esteja conseguindo atingir nesse trabalho a unidade que não atingi em *Tambong*. Encontrar essa unidade em *Ramilonga*, tendo a milonga como tema central, foi quase natural (o disco foi para mim como que uma preparação para o que eu queria realizar com a canção brasileira). Já em *Longes* (aqui, se eu tiver que pensar em um gênero central ou na subjacência, diria que é o rock, esse gênero "do mundo" que em Porto Alegre soa mais caseiro que gêneros "do Brasil"), essa unidade aparece mais porque, além do rigor na instrumentação, as canções quase não contrastam entre si (evitei a percussão marcadamente rítmica, decisão que interferiu na escolha do repertório. Eu queria chamar atenção para as particularidades harmônicas, melódicas e poéticas, porque para o senso comum, o "moderno", o "novo" gira hoje em torno dos *grooves*, e o que se vê muito por aí é música essencialmente velha coberta com um verniz de modernidade).

Nesse próximo disco (um disco de muitos grooves com a marca inconfundível do Suzano e, quero crer, muita novidade essencial nas composições), sambas "frios" aparecem ao lado de milongas com cidadania brasileira, e tudo soa uma coisa só, sem que se pare para pensar, é um samba, é uma milonga... Será um disco cheio de concisão e transbordamento. Não tenho dúvida de que será a melhor expressão da Estética do Frio até agora, e num ponto em especial: por enfrentar com êxito os estereótipos da "brasilidade" e do "gauchismo".

Certamente, o movimento cultural brasileiro de maior repercussão da última década foi o Mangue Bit. Em comum com a Estética do Frio, encontra-se nele a valoração e releitura de uma cultura local (então) à margem da cultura brasileira oficial e a intenção de encontrar uma linguagem "capaz de pôr unidade na diversidade", para usar um termo seu. Como você vê as aproximações e diferenças entre o Mangue Bit e a Estética do Frio?

Acho que a aproximação é a que acabas de definir. Nos anos 1990 houve mesmo uma busca espontânea das particularidades regionais, que pode ter se originado do que, aparentemente, é um paradoxo: o aprofundamento/aperfeiçoamento do internacionalismo puro do rock dos 1980, bem como da necessidade de encontrar "unidade na diversidade", como busca de uma linguagem particular num contexto de muita informação nova e ainda muito resíduo do passado. No caso do Mangue Beat (não se escreve assim?), por envolver um grupo grande de pessoas e por seu forte apelo de mercado, essa busca logo se impôs para o senso comum como algo acabado. No caso da Estética do Frio, a busca (de um sujeito isolado) apenas começou nos 1990. Acho que as diferenças entre Mangue Beat e Estética do Frio (falar assim, como se fosse um movimento, me causa um certo desconforto, mas vamos lá) se devem justamente às particularidades regionais, às inquietações e necessidades de suas respectivas regiões. Mas há uma diferença fundamental entre as duas "tendências" (que talvez responda pela capacidade de uma, e não da outra, de surgir como um produto acabado): os nordestinos sempre "chegaram" facilmente ao "Brasil", com desenvoltura de cidadãos; a cultura nordestina pode, muitas vezes, aparecer como sinônimo de cultura brasileira. Quanto aos gaúchos, a bagagem para "chegar" ao "Brasil" sempre foi muito pesada; uma auto-imagem de estranho e estrangeiro sempre nos atrapalhou, sempre nos impediu de contribuir de forma mais eficaz e pertinente com a cena nacional. Tentar quebrar essa auto-imagem tem sido parte do meu trabalho comigo mesmo.

Hermano Vianna nos lembra que as chamadas culturas populares ou tradicionais sempre tiveram como característica fundamental serem mutantes e permeáveis a informações externas. Assim, as tentativas de preservá-las em uma representação histórica

estanque acabam anulando-as enquanto expressões vivas. Em *Ramilonga*, você trabalha com releituras contemporâneas de formas tradicionais, como a milonga. Quais as estratégias possíveis de utilizar estas formas sem cair na mera representação folclórica?

Acho que o rock já é algo tão tradicional quanto a milonga. Por que não se questiona quando as formas já estabelecidas do rock são subvertidas? A milonga é um gênero musical como qualquer outro. Enquanto houver alguém criativo neste mundo, ela estará em vias de transformação. Só sua transformação poderá garantir sua sobrevivência. Atahualpa Yupanqui disse que tantas são as formas da milonga quantas são as formas de tocá-la. Zitarrosa a via como um gênero capaz de se misturar facilmente a muitos outros gêneros. As estratégias para não cair no conto do preservacionismo (que para quem é limitado criativamente é uma opção confortável) dependem de cada um. No meu caso, começam pelo distanciamento crítico, pela recusa aos estereótipos, pelo enfrentamento dos preconceitos (tanto o dos "modernosos" como dos "tradicionalistosos"). A representação folclórica pode ser linguagem de museus. Gosto de ir a museus, mas não é o meu ramo.

No final do seu livro *A estética do frio*, você afirma que "não estamos à margem de um centro, mas no cen-

tro de uma outra história". Como é possível manter uma cultura local e independente no mundo atual, globalizado?

Mas eu não quero o local e independente. Nem sei se isso existe. The Strokes é menos local que Elomar? O universo passa na minha rua. Estar no centro significa receber e enviar informações de muitos lados para muitos lados sem se sentir submisso ou excluído. Com toda a minha misantropia, quero o global. Quem não quer?

**[Entrevista para Sergio Cohn,
Revista *Azougue* nº12, 2007]**

UM OLHAR MELANCÓLICO

Vitor Ramil subiu os três lances de escada esbaforido. Tinha passado a noite em claro e só cochilara uma hora e pouco, pela manhã, durante o voo de Belo Horizonte (onde lançara o CD *Tambong*) para o Rio. O cansaço, às vezes, solta o verbo. A conversa rolou por quase quatro horas, numa tarde abafada de março de 2001, no apartamento da rua Barão de Jaguaripe, em Ipanema, regada a chimarrão e suor. O cenário não podia ser mais apropriado — o calor do Rio, a saudade do frio, o exílio dentro do próprio país. Para mim, soou como despedida. Eu estava de partida, decidido a voltar para Porto Alegre, depois de viver quase dez anos em Rio e São Paulo. A entrevista serviu de base para um artigo publicado no site *no.com*, em 22 de março, mas o diálogo ficou inédito. Só poderia sair no *Não*, preservando o tom espontâneo e prolixo, incompatível com os padrões do jornalismo industrial pós-*USA Today*. No final do texto, há duas notas explicativas — uma pesquisa do próprio V. a cerca das origens da milonga e uma referência a Albert Schweitzer, prêmio Nobel da Paz, parente célebre dos Ramil, em pesquisa de Álvaro Luiz Teixeira. Boa leitura.

Que bicho é esse? O que é estética do frio?

Em primeiro lugar, não é um movimento. Não tem por trás a pretensão de estabelecer uma teoria que vá solucionar a questão de identidade ou estética de uma região do Brasil. Na verdade, é uma reflexão individual acerca do meu próprio trabalho. Eu tenho o hábito desde pequeno de refletir em relação ao que faço. Me acostumei a conceituar o tempo todo. Isso tem sido a minha maneira de produzir. Sou muito intuitivo para compor, mas estou sempre refletindo sobre o que faço.

Tu morou no Rio um tempo, não é?

Morei em Copacabana uns cinco ou seis anos, por aí. De 1985 a 1991. Morava em Copa e, um dia, eu estava em casa, era um dia como hoje, só que era junho e estava calor, e eu estava só de calção, na sala de casa — uma casa bem parecida com essa, uma sala bem maior só, mas um chão parecido —, eu estava de calção, um puta calor, tomando meu mate sozinho e aí estava passando o Jornal Nacional na TV. E o cara dando uma notícia mostrando um carnaval fora de época, eu acho que era na Bahia, não lembro mais. Então, apareceu um caminhão com trio elétrico e todo o mundo pulando atrás. E eu tomando o mate, ali de calção, pensei: jamais eu estaria atrás desse trio elétrico. Logo em seguida, veio uma matéria sobre a chegada do frio no sul. Aí apareceram aquelas imagens que aparecem todo o ano, os caras escrevendo nos vidros dos carros, ou andando de bicicleta de pala, os campos com geadas, todas as imagens tradicionais da chegada do inverno. Eles usaram uma expressão, falaram em "frio europeu", ou "clima europeu", e eu tive duas sensações. Primeiro, claro, de vontade de estar lá. Não gosto de calor. Tive saudade de meu lugar, aquela paisagem me deixou saudoso. Ao mesmo tempo, tive uma sensação de exílio.

Exílio dentro do teu próprio país?

Havia um estranhamento para o jornalista naquilo, ele tratava aquele monte de gente seminua atrás do trio elétrico como uma coisa muito mais natural de acontecer do que aqueles caras andando de bicicleta de pala ou aquelas pessoas escrevendo nos vidros dos carros. Aquilo era uma imagem muito mais remota para ele. Logo me dei conta daquele sentimento de sermos ou não brasileiros, que o gaúcho tem. A gente se cria desde pequeno cultuando a revolução farroupilha, a nossa bandeira é a bandeira farroupilha. No fundo, todos nós temos a sensação de sermos diferentes do resto do

Brasil, de que a gente poderia ser um país. Seria melhor se estivéssemos separados? Esse questionamento está sempre por trás e volta e meia ele ressurge.

É como se o gaúcho tivesse a necessidade de marcar essa diferença.

Isso vira uma afirmação e, ao mesmo tempo, sugere um sentimento até de inferioridade, porque, na verdade, a gente não conseguiu ser um país. Não conseguimos nos separar e não nos integramos tanto assim ao Brasil, não compartilhamos. Me sinto super duro nas regiões mais tropicais. Estive em há pouco em São Luís do Maranhão, antes do Tambong — e foi muito importante, eu comecei a pensar depois sobre essas coisas — e lá tem muito reggae, dançam muito na praia, tem uns tablados, botam o som a mil e fica todo o mundo dançando. Mas é um reggae dançado de um jeito diferente, é super sensual, as mulheres se agarram em ti e tu dança agarrado nas mulheres. Cara, eu me senti um inglês ali. Mais uma vez, me senti muito estranho. Eu disse: não sou desse lugar. E, no entanto, é o meu país. Era uma coisa de rua, de festa, todo o mundo feliz e tal, e eu não me considero um cara formal, mas me senti o cara mais duro do lugar, entendeu?

Um sentimento de pudor?

Sim, tudo isso, a nossa formação mais rígida, essa dureza de corpo, de tudo, enfim, e quando eu estava nesse dia vendo esse carnaval me veio toda essa sensação, aqueles flashes que tu tem rapidamente, de estar no Rio e olhar para fora, as plantas que tu não vê lá, e tu está dentro de um outro ambiente, um ambiente tropical. Aí eu pensei rapidamente que estava no Rio, artista, tentando me colocar dentro da música brasileira, produzir no Rio, que é um centro produtor de música brasileira, historicamente é, sempre foi, vai ser, tem essa tradição muito forte enraizada aqui. E eu, como muitos outros gaúchos, estava aqui, a princípio, levando a minha carreira. Mas aí me dei conta que estava bastante perdido.

Perdido na selva...

Vi aquele trio elétrico, aquelas pessoas pulando, e pensei que havia uma estética que unificava as regiões quentes do Brasil, esse Brasil tropical, esse Brasil litorâneo, essa imagem de Brasil que é o estereótipo do Brasil. É sempre uma música que é um convite à rua, à festa, à alegria, é sempre uma coisa coletiva, enfim, e eu pensei imediatamente que nós, gaúchos, não compartilhamos muito isso. A nossa música não é assim e a música do Brasil tropical, embora ela fale de nós, não diz tudo. Não nos define completamente. Se tu pensa no samba, na história do samba, ele quase define o tipo do carioca, por exemplo. Se pensa em quem faz o samba, de onde vem o samba, isso é quase um estereótipo do carioca. É bastante definidor do carioca.

E nós lá no sul, o que nos define, qual é a nossa música?

Parei e pensei: a nossa expressão regional é polêmica. Até que ponto ela nos representa? Para muitos jovens, é um símbolo de caretice, de velhice, de conservadorismo. Porque a nossa tradição tem estado na mão de tradicionalistas, como o próprio nome diz, os caras que definiram algumas bases do que é gaúcho e do que não é — o gaúcho não usa esse tipo de calçado, não toca esse instrumento, não usa essa calça. Uma coisa muito normatizada e difícil de se misturar.

Ainda é assim?

Hoje em dia já mudou bastante, mas, na época, eu percebi que o músico urbano gaúcho não transitava pelo seu próprio imaginário regional com a mesma facilidade do nordestino, por exemplo. Há muito tempo o nordestino transita por seu imaginário trazendo toda a bagagem de música do mundo todo. Vem para o Rio de Janeiro e traz a transação nordestina ou nortista, e isso já se soma à experiência do centro do país, e vira um caldeirão. Para nós, a tendência é ser mais estanque.

Se parar para examinar a produção musical dos anos 1970 e 80 do sul, e de um pouco antes, tu vai ver como é assim. Talvez quem tenha conseguido essa química mais naturalmente tenha sido o grupo Almôndegas, só no primeiro disco, depois ele ficou mais segmentado. Kleiton e Kledir fizeram mais tarde incursões pelo regionalismo, mas tu via bem claro que tinha um viés mais pop, um viés mais roqueiro, e aí tinha um momento regionalista, que sempre recebia um tratamento separado, diferente. Entrava a gaita, entrava não sei o quê, quando ia para o outro lado, aí eram guitarras, entendeu?

Aí pensei no meu próprio trabalho. Eu me permito fazer uma balada como "Loucos de cara", tocar "Joke", isso é bastante natural. Mas não era natural para mim, na época, tocar uma música como "Não é céu", uma bossa, aquilo para mim era uma coisa muito brasileira, como se eu não tivesse o direito de fazer aquele tipo de coisa, ou como se eu não pudesse fazer aquilo ali. Não, isso eu não faço, entendeu? Mas por quê eu posso fazer uma balada que está mais próxima da canção norte-americana do que da canção brasileira? Quer dizer que eu estou mais próximo da realidade dos Estados Unidos que da realidade do Rio de Janeiro?

Mais próximo de Bob Dylan que de João Gilberto?

Por quê? Pensei também que eu tinha o meu viés regional, mas não misturava as duas coisas. E quando eu misturava, como no disco *A paixão de V*, eram coisas separadas, uma milonga bem milonga de voz e violão, Borges... A história daquele disco é exatamente isso: eu separei de propósito as várias vertentes. Pensei, então, que nunca ia ficar claro para quem me ouvisse, me visse, quem fosse fruir a minha produção, se não houvesse uma unidade. Eu sou ISSO. Eu não sou tudo isso aqui e escolha o que você quer de mim. Não, eu sou ISSO aqui, óh! Pá! Depois a pessoa pode perceber uma série de nuanças. Então, comecei a perguntar: será que eu não posso ter essa unidade?

Foi quando me veio essa expressão: nós precisamos de uma estética do frio. Eu me dei conta de que o frio era um elemento bastante simbólico nosso, diferenciador. Percebi a diferença de estar ali de calção, suando, e tomando mate. Eu estava preservando um hábito do frio. Eu acho que o frio nos predispõe, o frio, a nossa paisagem, o nosso lugar. Não quero dizer que haja um determinismo geográfico da nossa formação psicológica, embora eu ache que haja... Hoje em dia, teorias muito fortes estão provando isso, a própria teoria dos genes, estão descobrindo que o meio ambiente influi muito mais na formação do homem do que se imaginava. Na época não arriscava dizer esse tipo de coisa, mas hoje já acho que sim. A presença do frio até transcende a questão do frio como metáfora, ou como símbolo, e talvez o frio como frio. Até o frio valor estético e o frio frio se juntam numa coisa só.

É um perfil de comportamento.

Exatamente, um perfil de comportamento, que gera uma cultura, uma produção musical e tudo. Aí eu pensei: nós temos que ter uma estética do frio. Falando nós, mas pensando em mim na realidade. Não estou pensando no trabalho dos outros e não vou sair por aí ditando regras. Olha, gente, para fazer música no Rio Grande do Sul tem que ser assim. Essa é que é a postura. Ninguém faz um movimento sozinho. Por isso eu nunca digo que é um movimento. Não, não é. São reflexões minhas que eu nem deveria estar exteriorizando. Mas é que eu não consigo. O fato de estar conversando contigo agora é bom. Tem coisas que eu estou inventando neste momento. Eu tenho apostado muito nisso. Exatamente até na reflexão pública dessas coisas, porque as ideias vão vindo, tu vai falando, vai formulando...

É como a frase do Caetano Veloso: "As perguntas que eu me faço, eu as faço publicamente."

(Rindo) É muito bom isso aí. É muito bom falar. Quando converso com as pessoas eu aproveito muito, todo o tempo. Depois de todas as minhas elocubrações, um amigo lá do sul me falou: tem uma frase do Alejo Carpentier que é mortal para essa tua estética do frio. É: "O frio geometriza as coisas." Eu nunca tinha lido essa frase, ele que me disse. Um dia ele me pegou e disse: tu precisa conhecer essa frase. As pessoas acabam contribuindo com essas reflexões, aí a coisa começa a escapar um pouco do teu controle. Isso é que é o bacana. Alguém pode até elaborar mais a partir disso. Assim que as coisas funcionam.

Essa frase do Alejo Carpentier é interessante. Quando eu me disse, temos que ter uma estética do frio, me perguntei assim: como seria essa estética do frio? Pensei que havia uma distância entre nós, Rio Grande do Sul, e o Brasil, e que essa distância precisava ser rompida. Esse sentimento de exílio eu não podia sentir. Tinha que chegar no Brasil numa boa, normal, sou brasileiro, não tinha que ter dúvida da minha brasilidade. E, no entanto, quando eu pensei: se eu fosse definir essa estética do frio em termos formais, que palavras definiriam essa estética do frio?

A minha imaginação é muito visual. Tudo comigo é visual, tudo eu associo com imagens. Por isso, a pintura sempre foi muito importante para mim, mais até do que a música, talvez até mesmo mais do que a literatura. Os pintores e as reflexões dos pintores sempre foram muito importantes para a minha produção de texto e música. E quando eu pensei em como seria essa estética, eu pensei em termos de imagem: pensei num pampa muito liso, muito aberto, muito claro, pensei em paisagem, entendeu? Pensei naquele pampa que tu já sabe que tem uma figueira aqui, o pampa ideal, vamos idealizar o pampa. Um lugar plano, liso, com alguns elementos, aí eu disse: bom, o que é isso? Isso aí é rigor, concisão, clareza, melancolia, profundidade...

Alguns valores começaram a surgir na minha cabeça. Eu me imaginei inserido naquela cena. O que faria um gaúcho naquela cena? Qual é a música que uma pessoa faria naquelas condições? Não estaria todo o mundo sambando atrás de um trio elétrico num campo. Tu não vai encontrar isso aí dentro dessa imagem ideal. O que me veio foi a imagem de um gaúcho sozinho, o lugar me sugeriu solidão, intimidade, reflexão, e um cara tocando o seu violão. É a imagem de um milongueiro.

Aí me ocorreu que a milonga é uma música também plana, linear, reflexiva, rigorosa, que se repete, aí eu disse: espera aí, não é à toa que é uma música tão popular no sul. Se tu vai analisar os festivais, o gênero mais inscrito, 80% das músicas são milongas. É sinal de que é um gênero fácil de as pessoas lidarem com ele. É natural o cara pegar o violão e compor uma milonga, mais do que outro gênero. Aí pensei que eu compunha milongas já há muitos anos, mas não me permitia gravá-las porque eu via a milonga como algo puro, eu estava sempre atrás da pureza da milonga, não queria misturar com meu lado pop e baladeiro.

Naquele disco *Tango*, ao lado de "Joke" e "Loucos de cara", não queria colocar a música "Ramilonga", que já estava composta. Seria um repertório muito forte para o disco — "Ramilonga", "Joquim", "Loucos de cara", "Sapatos de Copabacana", um petardo. Mas qual o sentido de ter uma milonga falando em Porto Alegre no meio daquele outro tipo de contexto de letra e imagem? Me parecia que era uma coisa específica. Parei para pensar naquela música. Parei para pensar que, quando eu vim me embora de Porto Alegre para o Rio, a minha despedida foi aquilo.

Eu, morador da cidade, cara com vivência nenhuma de campo, nunca montei num cavalo... Quer dizer, estou exagerando, montei uma vez quando guri e devo ter caído. Não sei montar, não sei nada de campo, mas me emociono quando viajo de carro e vou ao campo. Entro numas, literalmente viajo. Me emociono no imaginário. Quando eu coloquei música em "Deixando o pago", eu chorei copiosamente, chorei como uma pessoa louca, sozinho dentro de casa, sabe? E quando eu compus "Ramilonga", eu chorei, e quando eu compus "Milonga de sete cidades", eu chorei... Eu toco para a minha mulher e choro. E quando eu compus "Indo ao pampa" e toquei para a minha mulher, nós choramos juntos, entendeu? Eu comecei a perceber que a milonga era uma coisa extremamente profunda para mim, que era uma matriz minha.

Então, quando eu pensei em estética do frio, vieram essas palavras. Depois, acabei compondo "Milonga de sete cidades", onde eu mais ou menos falo a respeito disso: "Fiz a milonga de sete cidades, rigor, profundidade, clareza, concisão, pureza, leveza e melancolia..." Eu posso ter outras definições, mas não cabe tudo numa canção. Elegi "Milonga de sete cidades" até porque eu tenho uma fixação no número sete, tenho uma história supersticiosa com o número, tudo é sete para mim. Até porque a canção favorecia ter sete palavras, enfim...

A canção "Ramilonga" é de que ano?
É bem antiga, cara, é de quando eu vim para o Rio, é de 1985, 1984, por aí. Tu vê que é da época da *Paixão de V.* Bem antiga. Só que ela foi gerando outras milongas, eu comecei a compor em torno dela. Me deu um mote para uma história maior. Na verdade, eu queria fazer, um dia, uma inserção no regional, mas eu queria estar

preparado para isso. Queria ser capaz de fazer uma abordagem nova. Tinha que dar um passo adiante. Acabei fazendo só no disco *Ramilonga*, quando eu assumi essas coisas todas.

No encarte do disco, eu cito João Gilberto cantando "Prenda minha" num quarto ventilado do hotel Majestic, lancei um monte de imagens para sugerir o que está rolando ali. Até no canto suave do Lupicínio Rodrigues eu pensei. "Você sabe o que é ter um amor, meu senhor..." Eu ouvia muito os caras dizerem no Rio Grande do Sul que o Lupicínio não seria um compositor gaúcho, era brasileiro, não fazia música gaúcha. Isso é um absurdo. Por quê não? Enfim, o *Ramilonga* tinha esse eixo central, vou trabalhar em cima da milonga, mas a minha visão da milonga. Tive a sorte de meu nome terminar com o começo da palavra milonga: ramilonga... Veio naturalmente, intuitivamente, como tudo o que eu faço, eu não fico pensando sobre as coisas. Veio cantando. Primeiro, eu pensei ah, milonga...

Como se fosse a interjeição ah.

Mas me saiu ramilonga, eu disse: "opa, ramil, milonga, fechou", eu transformado em milonga voando sobre Porto Alegre, aí entendi do que a música estava falando. Escrever letra é isso. Sou totalmente a favor da ideia de que a poesia antecede o pensamento. Tu começa a refletir sobre a letra no meio do processo. Ela já está fazendo sentido há muito tempo, muito antes de tu pensar racionalmente sobre ela. O disco traz tudo isso. Eu falo *Satolep fields forever*, no encarte, uma brincadeira que é uma referência a Beatles, toda a coisa orientalista que tem na milonga. Eu, garoto, gostava muito do orientalismo beatle.

Qual é a relação da milonga com o Oriente? Não falo de uma postura zen, mas em termos musicais propriamente...

Bom, guitarra, a palavra, vem de cítara, ou ambas têm a mesma origem grega, eu acho, eu li em Jorge Luis Borges. Tem essa matriz. Existe um orientalismo na milonga. Como também no repente nordestino. E na raiz repentista do *payador* está o poeta árabe. O nordeste tem essa coisa espanholada, tem essa coisa moura, claro. A origem do *payador* e do repentista nordestino, nos dois extremos do Brasil, está na poesia árabe.

Enfim, no *Ramilonga* eu cantei suave, fiz uma coisa brasileira, usei tablas indianas, instrumentos mais delicados, um par de tambores, usei o harmonium (combinação de teclado e fole que soa como um acordeão) e a cítara. Para tirar do contexto, do tratamento convencional, para mostrar que aquilo, acima de tudo, era uma sensibilidade, uma forma de expressão que tu podia vestir de qualquer maneira, com qualquer roupagem, e para reforçar esse orientalismo, tirar essa coisa truculenta e passar para a coisa espiritual. Tirar aquela presença física, corporal do gaúcho, e associar ao mantra indiano, que é uma forma musical repetitiva, que serve à meditação. Eu acho que a milonga é muito mântrica. Percebo nos shows só de milonga que, chega num certo momento, parece uma missa. Mas uma missa numa boa...

Um ritual...

As pessoas dizem que viajam, choram, se emocionam, eu também.

Todo o ritmo primitivo é repetitivo, como no caso dos índios, parece que é para a pessoa sair do corpo mesmo.

Exatamente. E eu procuro reforçar isso no *Ramilonga*. Evito muito a variedade. Não, o meu violão eu toco sempre igual. É meio sequenciado, como eu digo. Eu me repito, é cíclico. O meu violão é como se fosse um desenho. Tem um sentido que é sempre o mesmo, eu sempre toco igual as minhas músicas. Claro, tem nuanças de expressão, não sou uma máquina. Mas existe um rigor. E aí as palavras começam a aparecer. Rigor, clareza, concisão, pureza, leveza, melancolia, profundidade, isso tudo está presente nas várias instâncias dessa música...

E qual foi a reação dos tradicionalistas à *Ramilonga*? O pessoal não falou assim: "ah, isso é coisa de guri da cidade"?

Claro, ninguém me diz diretamente nada, mas depois eu pego por outros os comentários. Sabe como é artista, cada um tem sua vaidade e cada um defende o seu território. No momento em que eu digo que não quero fazer o canto gritado, estou ofendendo muita gente que canta gritado. Se eu digo que o meu violão é definido, é claro, é limpo, eu toco com precisão, estou atacando o cara que toca aquele violão sujo. E se eu digo que eu não usei acordeão e gaita, o cara que toca esses instrumentos pode se sentir ofendido. As pessoas se protegem muito na coisa da criação, cada um defende o seu cadinho. Mas eu recebi coisas como: "ah, é uma bicha cantando regionalismo". E aí tem gente que me arremeda: "Alcei a perna no pingo"... (afinando a voz) Ah, esse cara imita o Caetano. Isso tudo se dilui quando a obra se impõe.

Mas, olha, tu tem um timbre de voz parecido com o do Caetano.

Tenho, sim. Quando cantei suave no *Ramilonga*, eu tive que, de certa forma, aceitar isso. Comecei a cantar no estúdio e eu mesmo me dei conta: as pessoas vão dizer que parece o Caetano cantando. Quando eu me propus a cantar mais joãogilbertianamente, quando eu assumi isso, aceitei esse legado, pensei, claro, o meu timbre vai bater com o do Caetano, mas é uma história que eu vou ter que enfrentar. Ainda existem grandes doses de estereótipo dentro do que eu faço. Tanto dentro da minha milonga quanto dentro da minha bossa. Existe a presença de tudo o que me antecedeu.

Te incomoda?

Quanto mais tu trabalha, mais isso vai se diluindo. Eu acredito que essa sombra de Caetano Veloso vai desaparecer, as pessoas não vão nem associar mais. Isso fica claro nas novas canções que compus, depois de *Tambong*. Mas, voltando à reação dos tradicionalistas, pode alguém ter dito que eu era um cara que estava me aventurando, mas, por outro lado, eu musiquei João da Cunha Vargas. Ninguém levava esse cara a sério, ele se tornou conhecido por causa do *Ramilonga*, esse crédito tem que ser dado, um poeta maravilhoso que passou a ser respeitado. Era do Alegrete, já faleceu. O próprio filho dele me falou: "O pai não era muito considerado pelos grandes da poesia." Era um homem do campo que sequer escrevia seus versos, tinha na memória, era um tipo *payador*, isso é muito louco.

Uma coisa de tradição oral...

Musiquei quase toda a obra dele, faltam dois ou três poemas, só não musiquei esses para não ficar sem nada. Quero lançar mais algumas canções dele, que são divinas, cara. Bom, deixa eu voltar ao *Ramilonga*, como eu estava te falando. Tu lida com uma diversidade de coisas, tu tem uma confluência de linguagem, informações platinas, tropicais, tudo isso, mas qual é o filtro para isso? Como colocar unidade? A milonga foi o meu filtro, a minha leitura fria do mundo. Eu elegi ela. Não para virar um milongueiro, mas para que a milonga fosse como uma matriz. Em tudo que eu compusesse a partir daí ficaria muito claro que eu levaria em consideração o que a milonga representava para mim. Percebi que era algo que eu fazia bem, que eu mexia tanto com a minha sensibilidade quanto com a sensibilidade das pessoas, que eu emocionava. Era uma transa central nos meus devaneios poéticos e musicais.

De onde vem a milonga?

Ela tem uma origem polêmica. Tem uma tese que diz que ela vem de uma melodia medieval portuguesa chamada melos-longa, ou melodia longa, que veio para o

Rio Grande do Sul e daí foi para a Argentina e o Uruguai. É uma tese para nós muito favorável. Mas, na verdade, parece que esta é a mais fantasiosa. Outra teoria diz que nasceu em Montevidéu, num ambiente urbano, e que o milongueiro é um descendente do *payador*, aquele poeta improvisador, que desafiava com versos, e o milongueiro seria uma degeneração do *payador*, uma coisa até pejorativa no início. Enfim, parece que a teoria atualmente mais aceita é que a milonga seria, a exemplo do tango, uma filha da habanera, e que a palavra teria origem africana, viria do quimbundo, um dialeto falado por escravos que vieram para o Brasil e o Uruguai. Significa o plural de mulonga, ou palavra. Então, milonga significa palavras. Um dia eu ainda vou entrar nesse estudo. Quero ir a Portugal fazer uma pesquisa de campo. Um dia eu vou de cabeça nessa história. Depois eu posso te mandar algum material teórico, para dar uma ideia bem exata.

Pausa: V. especula durante alguns minutos sobre a origem da milonga, ressalvando que não tem certeza do que está falando; alguns dias depois, de Pelotas, manda um e-mail relatando o resultado de uma rápida pesquisa a respeito do assunto:

Paulo,

a questão da origem da milonga é uma... milonga!
Um palavreado, uma confusão. Mais ou menos aquilo que eu já te havia dito. E o que complica é que os
historiadores se fixam mais na milonga porteña e não
na campeira, que é a que nos interessa e que é mais
popular no RS. Mas, vou tentar te fazer um resuminho
e, a partir disso, boa sorte.

O único ponto a respeito do qual todos os historiadores parecem estar de acordo é o que diz respeito à
etimologia da palavra milonga (com exceção de Josué
Teófilo Wilkes, que defende que a palavra vem de melos-longa, melodia longa. Ele diz que milonga derivaria
da melolonga humorísticagitana, canto criado pelos
gitanos malagueños ao redor de 1860, mas que só chega
a Buenos Aires em 1880-90, onde tem duração efêmera.
Acontece que muito antes disso a palavra já era de uso
corrente às margens do Prata...). Pois bem, esses historiadores concordam que milonga é palavra de origem
africana, mais especificamente, quimbundo (falado
pelos negros banguelas, malembos e mozambiques,
dos quais havia muitos entre os escravos do Uruguai e
Brasil). Seu significado: plural de "mulonga", palavra.
Ou seja: "milonga" significa palavras. Em Montevidéu
milonga passou a significar a "payada pueblera", e aí
começa a se misturar com a história musical.

Pois bem: é forte a influência andaluza sobre o folclore de Buenos Aires. (Atenção: cada autor puxa a brasa pra sua sardinha nacional, pois um outro autor, como já te disse, defende a naturalidade montevideana para a milonga. A seu favor, aquela presença do negro, aquela palavra africana...) A milonga pertence a um gênero de canções muito bem determinado, antiquíssimo na Espanha. Ela está ligada a uma antiquíssima corrente musical espanhola e portuguesa intacta, muito cedo introduzida na iberoamérica onde alimentou numerosas espécies líricas e coreográficas. As milongas se parecem com as guajiras cubanas. A milonga pampeana tem as mesmas medidas copleras da guajira. Ou seja, a milonga é, em sua origem, uma adaptação da guajira flamenca que, por sua vez, é uma adaptação da guajira cubana. A milonga primitiva era em compasso de 6/8, certamente uma simplificação da guajira flamenca, de dificultosa execução. Na mão dos guitarristas dos países do Prata o ritmo difícil de reproduzir da guajira andaluza ganhou uma simplificação e depois uma transformação ao ser influenciada pela habanera, muito popular então, passando a ser tocada em 2/4. A milonga nasce por volta de 1860, aquire coreografia (a milonga dançável...) antes de 1870 e modifica seu compasso ternário de origem pelo 2/4. Na década de 1880 e princípio da seguinte ganha o novo nome de "tango", devido à grande popularidade que o teatro vinha dando ao... tango andaluz. Desde então a milonga perde seu nome mas só no que diz respeito à modalidade para dançar, conservando-se "milonga" a canção.

Como indica seu nome (palavras), a milonga não foi em seus primórdios outra coisa se não um canto. Esse canto podia ser a repetição de estrofas decoradas ou seu improviso, fruto de inspiração repentina. Esta última modalidade veio suplantar a antiga Cifra, originada em uma antiga forma de canto comum na Espanha. Os improvisadores eram os *payadores*, continuadores dos fandangueiros andaluzes que por sua vez continuavam os trovadores medievais. Com o passar dos anos a milonga passou a ter preocupações metafísicas, tendência que se consolidou no campo, na milonga campeira, mas não na milonga feita no subúrbio (onde os temas eram mais urbanos, peleias e etc).

A milonga-dança é que deve diretamente à habanera sua origem, pois este ritmo entra facilmente nos bailes das classes baixas, depois de haver adquirido em Cuba a coreografia da dança junta, em par, que antes era solta e se chamava simplesmente Danza.

Ah, em Buenos Aires, os lugares para dançar se chamam "Las Milongas".

Bem, acho que já chega. Estou ficando tri a fim de sair atrás de um trio elétrico e terminar meu vinho na praia do Laranjal. Fico no aguardo. Boa sorte com as tuas milongas. *Ahora sos una autoridad*!

Abraço satoleptico, V

De volta ao apartamento em Ipanema...

Milonga, então, pode ter origem negra, como o samba? Não brinca...

É muito interessante. Se eu parar para pensar num outro lado da estética do frio, do apartamento do gaúcho em relação ao Brasil, constato a pouca evidência da cultura negra, sempre muito escamoteada em nossa cultura oficial.

Existe uma ideia, no centro do país, de que não há negros no Rio Grande do Sul.

Exatamente. E na nossa música faz falta a presença do negro. Quando eu fiz *Ramilonga*, procurei buscar uma raiz negra, procurei enfatizar a percussão. Ainda mais eu sendo pelotense, uma cidade com um passado negro importante. Falta dizer que a milonga pampeira é mais lenta, arrastada, e tem a milonga mais urbana, bailável, feita para dançar. Eu acho, comecei a descobrir ou inventei isso, a milonga nossa deve muito aos portugueses, é mais melancólica, talvez mais feminina.

É menos trágica em relação à milonga argentina?

Menos épica e menos trágica que a milonga argentina e uruguaia. Eu acho que isso se deve ao português. Digo isso porque, nesses tempos, eu compus um fado e me dei conta. Comecei a ouvir música portuguesa e percebi que havia proximidade com a milonga que a gente faz no Rio Grande do Sul, que tem uma delicadeza, uma tristeza, um olhar melancólico, um pouquinho distinto da coisa mais do interior da Argentina, que é uma coisa de força, diferente.

É curioso como os cariocas, e talvez os brasileiros de São Paulo para cima, têm dificuldades de compreender as sutilezas do que é ser gaúcho, viver lá embaixo, em tais circunstâncias... É como se fosse uma informação estranha e excêntrica, da qual eles só assimilam os traços mais grosseiros. Somos incompreendidos! Não será também porque a gente mesmo assume um estereótipo?

Uma das dificuldades de nós assumirmos a nossa brasilidade e de o Brasil tropical nos compreender é exatamente isso: quando a gente vai se manifestar como gaúcho, sempre tem uma tendência de assumir o estereótipo. Cansei de ver, quando morava em Copacabana, músicos do sul que vinham se apresentar aqui, eu cruzava com os caras de bombacha e de chapéu, num sol de 40 graus, passeando no calçadão da praia. E tomando mate. Com o maior orgulho. E é um mico, entendeu? Não que seja um mico a imagem do gaúcho, mas com 40 graus tu não vai botar uma bota de couro.

Tem uma casa que vende erva-mate em Copacabana, a Casa do Gaúcho, num shopping-center, na Siqueira Campos com Nossa Senhora de Copacabana. Eu morava ali perto. Um dia cheguei lá para comprar erva. Tinha um cara que me perguntou: "Tu é gaúcho?" "Sou". "Bah, da onde?" Já veio aquele galo pavão. Eu disse: "eu sou de Pelotas". Ele ficou esperando que eu perguntasse: "e tu, da onde tu é?" Ele queria aquela confraternização, me senti quase compelido a perguntar para ele de onde ele era. O cara me disse: "Sou da capital do planalto." Falou assim forçando bem o "L", e eu não sabia qual era a capital do planalto, não me vinha. Aí ele percebeu que eu não sabia. Ele disse assim: "A capital do mundo, tchê!" Quase fiz uma brincadeira: "vem cá, tu é de Nova York?" Fiquei desconsertado. Ainda falei para o cara: "bem coisa de passo-fundense". Cometi uma gafe, o cara se indignou e foi embora.

É o que eu estava te falando. O estereótipo mata a expressão genuína das coisas. Estereotipar pode expressar uma parte, mas nunca a completude de algo. Acho que essa necessidade de estereotipar para viver o personagem do gaúcho afasta as novas gerações até do que existe de real nessa nossa história, do gauchismo, do que é verdadeiro nisso. Tudo que é estereotipado vira aquela coisa daquele tio chato que fala grosso, que te aperta e te abraça, te dá beijo com a barba espinhenta. O jovem é traumatizado.

Pensei: eu tenho que quebrar isso aí. Se eu faço milonga com naturalidade, é porque existe uma força nisso. O Egberto Gismonti é que me disse, quando eu tinha 18 anos, e acho que ele tinha razão: "As coisas que a gente faz bem são aquelas coisas que a gente tem facilidade para fazer." Tu tem facilidade para escrever de um certo jeito, outro para pintar assim, é o que tu faz bem, e não tem que negar o que faz bem. E eu percebi que eu negava o que fazia bem, porque o que eu fazia bem tinha toda aquela carga negativa, rançosa do regionalismo do sul. Eu disse, bom, eu vou encarar a minha produção de milongas, por algum motivo eu me identifico com ela e me expresso por ela.

Como fundir a milonga com o que se considera música brasileira?

Era o que eu me perguntava: como o Rio pode contribuir na minha formação, para a minha coisa musical de gaúcho, como é que eu posso fundir as coisas na essência? O Rio de Janeiro me deu o quê? Eu sempre digo que o Rio me fez muito bem, o Rio me afrouxou as juntas, me trouxe leveza. As relações com as pessoas, até a atitude de parar o carro numa calçada, ter um diálogo com um guarda, mesmo tendo que subornar esse guarda. No sul, já me aconteceu de parar o carro num lugar e o guarda já vir botando a mão na arma. Existe uma dureza. Aqui, não. E até vira o transtorno do Rio, o incômodo. Para nós, gaúchos, essa coisa largada do Rio nos ensina muito. A gente tem que ganhar uma flexibilidade. Essa porção negra que está sumida no nosso sangue de alemão, italiano, espanhol, sabe? O nosso português tem que olhar mais para as mulatas. Tem que se deliciar mais com as mulatas. No Rio tem o folclore de que português gosta de mulata, não é?

Temos que descobrir nossa porção tropical...

Porque nós também temos clima quente. Quando eu falo em estética do frio, não é que a gente viva a neve o ano todo. Pelo contrário, a gente tem as estações muito definidas, não é como aqui, que é sempre a mesma coisa. Eu sentia falta disso, desse contraste. Quando termina o inverno, tu já está sedento pelo fim do inverno. Tu já quer a mudança. Mas quando tu está no calor, fica ansioso para que comece aquele friozinho, quando tu começa a usar um blusão, isso é bom. O frio é estimulante para tu escrever, mas quando ele começa a te doer, já vem um calorzinho, isso é muito bom. Eu considero um privilégio climático ter sido criado num meio ambiente assim.

Agora, não é um privilégio, é muito ruim tu viver num lugar que não tem estrutura para suportar o frio. Eu gostaria de não precisar usar três blusões e não precisar estar com três calças de abrigo e três pares de meia, tremendo de frio dentro de casa no inverno. Eu que moro numa casa super antiga, que escorre água pelas paredes. Pelotas é um lugar muito úmido. Eu queria chegar em casa no inverno, olhar lá fora aquele frio de rachar e estar numa boa. Nós somos um lugar frio que não se assume como lugar frio. Foi para lá uma gente que levou toda uma cultura tropical, mas se instalou numa região fria do país. No Uruguai, qualquer hotelzinho de estrada tem calefação.

Tu não passa frio em Buenos Aires. Tu bota um blusão e um casaco e anda de um lugar para outro sem problema. Quando chega num lugar, já está sentindo calor dentro de casa. Tem calefação. Tu tira o casaco e pronto. Existe lá uma cultura do frio sem sofrimento. Em Buenos Aires tu desfruta o inverno com prazer. Nós sofremos no inverno no Rio Grande do Sul. No futuro, se o Estado deslanchar economicamente, as pessoas vão ter que começar a exigir calefação em todas as casas, como se exige esgoto nas vilas. Um dia vai acontecer isso em Porto Alegre. Mas é parte da nossa divisão, de não se assumir. Então, a gente morre de calor no verão e morre de frio no inverno.

Tu vê que é uma história com muitos caminhos, são muitas pontas para juntar. Bom, aí comecei a mexer com regionalismo, mas achei que eu tinha direito à tradição brasileira, eu tinha que me permitir cantar uma canção como "Não é céu", que é uma bossa. Tinha que ser capaz de achar algo que juntasse isso tudo. Por que ficar tudo separado, segmentado, como tem no Rio Grande do Sul, onde tu tem uma cena rock muito boa, uma cena pop muito boa, tem os caras que fazem MPB, tem os caras que fazem música regional... Por que não pode haver algo onde tudo isso esteja um pouco presente? Então, comecei a produzir sempre pensando nisso. Se tu ouve no *Ramilonga* a canção "Indo ao pampa", eu acho uma milonga forte, acho aquilo ali super Rio Grande do Sul urbano... Tem Beatles naquilo, tem muito Porto Alegre ali. E tem passado farroupilha, tem um negócio brasileiro com aqueles tambores, tem história e tem futuro também, ela é propositadamente uma música bem emblemática.

Já o *Tambong* eu parti para viver o outro lado da experiência. Eu, felizmente, tive a possibilidade de gravar esse disco em Buenos Aires, ou seja, eu, brasileiro, fui trabalhar lá com um músico argentino, muito conhecedor das coisas do Brasil, da harmonia, da música brasileira, um cara muito versátil, fui trabalhar com grandes músicos argentinos com uma formação parecida com a minha, no folclore, da coisa regional, também na formação de música pop, jazz, música brasileira. Então, eu vivi dentro do *Tambong* a experiência da fusão de pessoas, lidei com argentinos e tive a felicidade de lidar com caras como Egberto Gismonti, Lenine, Chico César, João Barone, que são caras que representam muito da sonoridade da música brasileira, trazem coisas do nordeste, o Chico traz uma coisa de negritude, muito forte. Deixei a coisa fluir. Mas trabalhei a partir das canções que compus depois da minha série de reflexões a cerca da milonga. São canções compostas num período em que eu já tinha definido a milonga como matriz musical. Todas devem muito à milonga como estrutura, forma e sentimento.

Tem milonga no *Tambong*?

Tem. Mas é muito subversiva, que é "O velho Leon" e "Natalia em Coyoacan", tem uma harmonia toda aberta, totalmente fora da milonga, mas ela tem o andamento, uma cadência de milonga, invertendo o bordoneio. Ela é feita em cima de um poema do Leminski. E foi muito interessante, eu fui falar sobre a estética do frio em Curitiba, encontrei uma plateia muito interessada no assunto, porque eles sentem frio como nós, e o tema desceu como um bloco de gelo neles, porque eles têm uma crise de identidade muito forte, especialmente em Curitiba, por causa do vínculo com São Paulo, por não saber quem são. Tem uma coisa de polonês. É uma crise de identidade muito mais complicada que a nossa. Nós estamos lá na ponta, as coisas estão mais definidas para nós, é mais fácil a gente visualizar isso e decidir que nós somos esse somatório de coisas. Eles estão absolutamente perdidos.

Tu considera "Não é céu" uma bossa nova?

Tem tudo de uma bossa, tem essa levada... Está tocando bastante no rádio aqui no Rio. E eu estou achando legal, sabe por quê? As pessoas estão ouvindo como algo novo. Quando entra no rádio parece algo novo. Me soa muito legal, porque é o resumo de toda essa busca. Não é uma levadinha de bossa convencional que tu ouvia em 1950 e tantos, em 1960, ou as bossas que algumas pessoas fazem hoje em dia que é um revival, que é uma coisa antiga...

O que ela tem especificamente de bossa nova?

Tem suavidade, leveza, essa coisa rítmica básica essencial que é de bossa nova. Embora uma bossa nova de Jobim tenha muitos acordes, um tipo de construção de acordes, de harmonia... Isso é uma coisa mais técnica. Por exemplo, no meu violão, eu uso muita corda solta. Tu deve ter percebido no show. Tem um momento em que o violão parece um piano, parece uma onda, é um violão que não pára. E na bossa nova não é assim. Tu vai ouvir o João Gilberto e o modo como ele toca é diferente. Ele toca em cachos, como a gente diz, então, tu ouve todas as notas, tudo o que soa, o dedo dele está prendendo a corda. Eu prendo uma nota, o resto está tudo solto, vou passando de um acorde para o outro, é uma ideia minha que eu trago da milonga, que é uma coisa cíclica.

Eu quis que essa bossa tivesse a coisa cíclica, repetitiva, circular da milonga, e não a variedade rítmica da bossa nova. "Não é céu" tem três acordes, na verdade. Um acorde principal e dois de passagem. E tu vê que a milonga, se tu for radicalizar, é uma música de dois acordes. Um si menor e um si maior, por exemplo. Ou um lá menor e um mi maior. É uma coisa básica. E eu penso que a milonga ideal é isso, dois acordes, uma melodia que vai se repetindo e uma letra que vai andando. Então, a letra do "Não é céu" é longa, diferente da bossa nova, em que a maioria das letras é curtinha, que tu repete. João Gilberto chega a repetir cinco, seis vezes. Ele é a essência da bossa nova mesmo, vai fundo.

Aquela coisa minimalista...

A minha bossa também tem um elemento de minimalismo, mas a letra não pára, ela vai embora, e vai, vai, vai indo e vai se desenvolvendo que nem as cordas são soltas, a minha harmonia é mais aberta, vamos dizer assim, em comparação a uma bossa mais convencional. Minha sonoridade não é um padrão de acordes muito bossa-novista. E essa harmonia aberta eu penso que é o nosso pampa aberto. A minha milonga também não tem aquela harmonia mais fechada da milonga tradicional, é mais aberta, deve muito à harmonia da bossa, e a minha bossa deve muito à estrutura melódica e de letra da milonga. Então, eu acho que "Não é céu" funde muito essas coisas. A brasilidade que tem em "Não é céu" está presente nas milongas, e vice-versa, como eu te falei antes. E "Deixando o pago" e "Ramilonga" devem muito à tradição brasileira de canção. Não só da bossa nova. "Milonga de sete cidades", por sua vez, lembra umas músicas que minha mãe cantava. "Voa, minha linda borboleta", é uma coisa antiga, não lembro quem cantava.

Então, não se tratava de juntar acordeão e berimbau para fundir Rio Grande do Sul e Bahia. Isso é um estereótipo. Eu queria encontrar uma maneira de fundir as coisas na essência. Mas volto a te dizer, é uma coisa pessoal, porque eu sou assim, tenho essa formação brasileira forte, me interesso desde pequeno pela coisa regional, por tango, por Beatles, desde pequeno me interesso por tudo. Eu gosto de Sex Pistols, de Ataulpa Yupanqui, de Mercedes Sosa, de João Gilberto, de Tom Jobim, de Astor Piazolla, das coisas mais díspares que tu possa imaginar. Eu me pergunto: por quê não posso fundir isso tudo?

Se eu fosse pegar uma herança tropicalista, seguiria uma coisa de ecletismo simplesmente. O tropicalismo era uma mistura de coisas, mas não fundia em essência, não transformava numa coisa una, não tinha unidade. Era uma coisa meio de catarse, de socar um mundaréu de coisas dentro de uma ideia. Era o *Sargent Pepper's* elevado ao máximo. Para mim, o *Sargent Pepper's* é a base de todo o tropicalismo, mas isso nunca veio à tona muito claramente, nenhum dos tropicalistas falou nisso assumidamente, mas para mim tudo veio dali. É a mistura de Glauber Rocha com *Sargent Pepper's*. Mas, enfim, não vamos passar para o trabalho dos outros.

Quando eu voltei para o sul e passei a fazer coisas na Argentina, e transitar, percebi que a gente, na verdade, não devia se sentir à margem do centro do Brasil, e que a gente era o centro de uma outra história. Nós somos um centro. Não somos o centro do Brasil, mas somos um centro, onde há uma confluência de linguagens, de Argentina, de Uruguai e de Brasil. A gente sente essa presença e isso nos atrapalha no sentido de pensar: somos ou não somos brasileiros? Somos mais portenhos que brasileiros?

Nós somos muito mais brasileiros do que portenhos, evidentemente, mas nós temos uma carga muito forte da coisa portenha. A gente vai a Buenos Aires e se sente em casa. Vai a Montevidéu e se sente em casa. E se emociona com isso. Passei a pensar não só nesse encontro do nosso regional com a coisa brasileira, mas a querer que essa confluência de linguagem fosse um fator não de diluição da nossa criação, mas de fortalecimento. A nossa produção deveria nascer dessa variedade, desse nosso centro, que hoje em dia a gente chama de Mercosul. Porto Alegre, capital cultural do Mercosul. Faz sentido esse título pomposo. Dá uma paradinha para eu tomar esse mate aqui...

(Pausa)

Deixa eu te contar uma coisa que me incomoda há tempos. Na tua versão de "Joey", de Bob Dylan ("Joquim"), tem um verso que fala: "Haviam seis irmãos"...

O correto é havia, verbo haver no sentido de existir, e aí eu volto para as minhas aulas no Julinho.

Está certo, claro. Digamos que... fui no popular. Esse haviam coloquial vai acabar sobrepujando o havia culto. A verdade é que eu devia ter encontrado outra saída, mais radical. Optando pelo haviam, o músico não abriu mão do "M" líquido. Mas o letrista hoje se arrepende. Há também um erro mais no final da letra que, cantando certo, fica careta, sei lá. Coisas da imaturidade.

Tu está fazendo um *songbook*?

Agora vai sair um *songbook* dos discos *Ramilonga* e *Tambong* só. E vai ser super completo com a presença de todos os arranjos, todos os instrumentos, uma coisa nunca feita no Brasil, vai ser um negócio inédito.

Quando sai?

Quando ficar pronto.

Terá um disco de acompanhamento?

Pode até que a gente faça uma versão com as duas coisas juntas. De repente, podem vir junto o *Ramilonga*, o *Tambong* e o livro, vai ser um produto caro. Mas eu posso fazer, quem sabe, por quê não, um disco de voz e violão, escolher algumas canções e tocar.

E tu vai continuar morando em Pelotas?

A princípio, sim. Porque se eu for entrar num ritmo de mudança, vai bagunçar a minha vida. Agora eu não quero me mexer. Eu moro numa casa para onde eu fui com quatro anos de idade. Tenho uma fissura pela casa, adoro lugares antigos. Estou restaurando e tal. É um lugar bom para produzir. Minha mulher e meus dois filhos ficam lá. Agora, estavam aqui comigo no Rio, voltaram anteontem. Estou indo para lá amanhã. Minha mulher é professora da universidade, concluiu doutorado agora. Não estamos livres de voltar para o Rio, se começar a ficar muito pesado o esquema de viagens. Meu filho é louco pelo Rio, se criou aqui, o desejo dele é voltar. Não estamos livres disso, ou de ir para Porto Alegre, sei lá.

Mas eu já estou compondo muito para o meu próximo trabalho, estou com uma série de canções prontas, com uma cara muito mais minha do que nunca, com uma construção harmônica extremamente pessoal. Está quase tudo sem letra, tem uma letra só, aquela música que abre o show e é uma paródia da "Banda", do Chico Buarque. O resto são canções virgens, sem letras. São como as canções do *Tambong*, como "Não é céu", como "Quiet music", só que mais radicalizadas harmonicamente, mais sofisticadas.

"Quiet music" é tua? Tu domina legal o inglês, pelo jeito.

Hum hum (sorvendo o mate). Domino mal o inglês, mas para fazer letra não precisa saber muito do idioma. Não sei bem o espanhol também, me viro só. Chamo alguém que entenda da gramática, arrumo uma coisa aqui, outra ali. Fazer uma canção tem um aspecto lúdico, é como uma criança que junta uns cubinhos e faz um castelo. É um pouco isso. Com um universo restrito de palavras, pode fazer horrores de coisas. As combinações são inacreditáveis.

Tu é filho de uruguaio e brasileira?

Meu pai é filho de espanhol, minha família é da Galicia, temos, inclusive, terras lá. Meu avô era português, Alves, padeiro. Minha avó materna tinha ascendência alemã. E tem uma coisa meio belga na família. A gente tem um parentesco com o Albert Schweitezer, que foi prêmio Nobel da Paz em 1950 e poucos, eu acho. Era um escritor e era médico, foi para a África, um cara célebre. Tinha um hospital na África, se doou. Era o maior intérprete de Bach tocando órgão em sua época. E abandonou a carreira para ser voluntário na África. E ele, por sua vez, era tio-avô do Sartre.

(Pausa de espanto, popular queixo caído.)

Quer dizer, também temos um parentesco com Jean-Paul Sartre. (Risos) Mas não sei se a gente chega a ter um vínculo real com Sartre. Disse o Kledir que sim, que fizeram lá a árvore genealógica e diz que tem. O pai do Sartre era primo-irmão do Schweitezer, uma coisa assim. Temos alguns antepassados célebres. E os meus filhos têm o Mário Quintana no passado deles. É engraçada essa mistura. Esses tempos a gente veio a descobrir que o pai da minha mulher é aparentado do Mário Quintana. É de Miranda também, como o Quintana. Lá do Alegrete. Essas coisas loucas que a gente vai descobrindo. Está tudo em casa. A minha família é coisa bem variada, mas tem essa coisa europeia mais viva, através da Espanha, porque a gente tem passaporte espanhol. Meu pai foi registrado na embaixada espanhola em Montevidéu. Estava gravando ainda? Deu, né?

FIM

[Entrevista para Paulo César Teixeira, em 2001, publicada na Revista *Não*]

MILONGA DE SETE CIDADES

Fiz a milonga em sete cidades / Rigor, Profundidade, Clareza / Em Concisão, Pureza, Leveza / E Melancolia

Milonga é feita solta no tempo / Jamais milonga solta no espaço / Sete cidades frias são sua morada

Em Clareza o pampa infinito e exato me fez andar / Em Rigor eu me entreguei aos caminhos mais sutis / Em Profundidade a minha alma eu encontrei /E me vi em mim

Fiz a milonga em sete cidades / Rigor, Profundidade, Clareza / Em Concisão, Pureza, Leveza / E Melancolia

A voz de um milongueiro não morre / Não vai embora em nuvem que passa / Sete cidades frias são sua morada / Concisão tem pátios pequenos / Onde o universo eu vi /

Em Pureza fui sonhar / Em Leveza o céu se abriu / Em Melancolia a minha alma me sorriu / E eu me vi feliz

CADERNOS ULTRAMARES